ESCOLA DOMINICAL

EAD - ENSINO MÉDIO TEOLÓGICO A DISTÂNCIA

Título Original: Escola Dominical - A principal agência da ensino da Igreja

5ª Reimpressão - 2023

Rua São João Bosco, 1114 – Santana
12403-010 – Pindamonhangaba, SP
Telefax – (12) 3642-5188
www.ibad.com.br

Impresso no Brasil

Coordenação
Pr. Mark Jonathan Lemos

Todas as citações bíblicas foram extraídas da versão revista e corrigida, salvo indicação ao contrário.

Dados Internacionais de catalogação na publicação (cip)
(Câmara Brasileira do Livro, SP, Brasil)

Matos, Denilson
ISBN - 978-65-89859-04-8

Índice para Catálogo Sistemático

Escola Dominical; Educação Cristã; Ensino Bíblico; Cristianismo

ESCOLA DOMINICAL

A PRINCIPAL AGÊNCIA DE ENSINO DA IGREJA

Curso Médio de Teologia

EAD - ENSINO MÉDIO TEOLÓGICO A DISTÂNCIA

Sobre o livro

Categoria – Religião

Fim da Execução – Agosto de 2021
5ª Reimpressão Junho de 2023

Formato – 16 x 23 cm
Mancha – 12,3 x 19,2 cm

Tipo e corpo: Garamond
Papel: off set 765mg
Tiragem: 1500 exemplares

Impresso no Brasil – Printed in Brazil

Equipe de Realização

Supervisão: Pr. Mark Jonathan Lemos

Produção Editorial

Coordenação
Pr. Mark Jonathan Lemos

Normatização do Texto
Emerson Cavalheiro

Revisão Teológica
Denilson Matos

Revisão de Português
Emerson Cavalheiro

Capa & Diagramação
Heitor Galvão Souza

Sumário

Introdução 13

Unidade I - História da Escola Dominical 15
1. A Educação no Antigo Testamento 17
2. Evangelhos e Educação: Jesus Cristo como Educador 27
3. A Educação Cristã no Período Apostólico 39
4. A Educação Cristã: do Período Medieval ao da Reforma 49
5. O Ensino na Era Moderna: O Nascimento da Escola Dominical ..
.... 55

Unidade II – Educação e Igreja: A relação entre Educação Cristã e a Escola Dominical 61

1. Educação e Igreja 63
2. Ensino e os Desafios da globalização 77
3. Escola Dominical: A Principal Agência de Ensino da Igreja 83
4. Os Desafios da Escola Dominical Hoje 91
5. Expandindo a Escola Dominical 97

Unidade III – Estrutura Organizacional da Escola Dominical 103

1. Organização Física da Escola Dominical 105
2. Organização Administrativa da Escola Dominical 109
3. Organização Curricular da Escola Dominical 121
4. Organização Pedagógica da Escola Dominical 129
5. Materiais e recursos didáticos para a Escola Dominical 135

Unidade IV – A Prática Pedagógica da Escola Dominical 141

1. O Ensino na Escola Dominical 143
2. Os Professores da Escola Dominical 151
3. Os alunos da Escola Dominical 161
4. Os Métodos de Ensino 171
5. Processos Avaliativos: Aprimorando a Escola Dominical 179

Considerações finais 183
Exercícios 185
Bibliografia 197

Apresentação

O calendário marcava 15 de outubro de 1958, quando dava-se início a um chamado Divino que nasceu do coração de um homem simples, nascido na cidade de Pelotas - RS. Naquele momento, tendo apenas 8 alunos nasceu o que conhecemos hoje como IBAD, na pacata cidade de Pindamonhangaba/SP, pelas mãos do casal de missionários Pr. João Kolenda Lemos e Ruth Dóris Lemos.

Durante 55 anos (1958-2013), o IBAD se manteve fiel a proposta inicial e teológica, trabalhando no sistema de internato de forma ininterrupta. Formaram-se milhares de pastores, teólogos, professores, missionários, pregadores e uma infinidade de líderes que propagam as mensagens aprendidas sobre a Palavra do Senhor pelo Brasil e os quatros cantos do mundo.

Em 2006, o IBAD entendeu que precisava transcender os limites de Pindamonhangaba e lançou os cursos teológicos médio e avançado livres à distância. Essa nova metodologia foi criada pensando nos pastores e líderes que sempre sonharam em fazer parte da instituição, mas devido ao tempo e situação financeira, não tiveram a oportunidade de estudar nosso conteúdo de alto nível e reconhecimento dentro do ensino teológico.

Em pouco mais de 10 anos, o curso livre de teologia alcançou a significativa marca de mais de 35 mil alunos pelo mundo, se tornando um sucesso na mídia especializada. Somos hoje o curso teológico que mais cresce no meio eclesiástico e estamos presentes em quase todas as cidades do Brasil e em mais de 15 países. Já formamos mais de 60 mil obreiros e hoje nos tornamos referência de qualidade e excelência entre os cursos livres à distância, dentro da área de teologia.

Guiados por uma nova gestão, demos início em 2011 aos primeiros passos em direção do nosso maior sonho: a criação da Faculdade FABAD. Foram milhares de horas trabalhadas, incontáveis ligações, idas e vindas à Brasília, além de inúmeras visitas do MEC em nossa sede em Pindamonhangaba. Toda essa espera e esforço trouxeram o resultado tão almejado em 2016, com a Portaria MEC nº 358 de 05 de maio de 2016, que credenciou a Faculdade FABAD para os cursos presenciais de Bacharel em Teologia e Tecnólogo em Processos Gerenciais.

Mas a chama que sempre nos guiou e nos levou a quebrar diversas barreiras nesses mais de 60 anos história, ficou ainda mais forte e uma nova jornada teve início. Nosso objetivo agora se tornara levar um ensino superior de qualidade para todo o Brasil. Por isso, ouvindo os pedidos de nossos alunos, em 2017 protocolamos perante ao MEC o credenciamento da FABAD para cursos EaD.

Foram momentos de ansiedade e de muita preparação de toda a equipe, trabalhando para ter os melhores recursos e plataformas para nossos alunos online. E com muita felicidade pudemos anunciar o lançamento do Bacharel em Teologia EaD da FABAD, com a Portaria nº 34, de 11 de fevereiro de 2020.

Agora levamos um curso de Graduação em Teologia totalmente à distância e online, com uma plataforma moderna de estudo e a melhor biblioteca digital do país. E esse é apenas o primeiro passo dado pela Faculdade FABAD EaD, que além do Bacharel em Teologia também oferece cursos de Pós-graduação totalmente à distância e nos próximos anos oferecerá cursos de graduação nas mais diversas áreas de conhecimento.

Aproveite seus estudos e seja bem-vindo a família IBAD/FABAD. Muito obrigado por escolher fazer parte dessa caminhada de aprofundamento teológico conosco.

Como estudar a distância

Caro estudante,

Nosso curso a distância foi estruturado com o objetivo de atender a todos que desejam ter maior entendimento sobre a Bíblia. Para atingir esse objetivo, tivemos o cuidado de planejar e produzir um material adequado para proporcionar a você a melhor experiência educacional possível. Nesse planejamento, chegamos à conclusão de que os livros deveriam não só ter um bom conteúdo, mas também ser acessível a todas as pessoas que desejam ter maior conhecimento das Escrituras Sagradas. Também observamos a necessidade de atender pessoas de qualquer região do país, com diferentes níveis de conhecimento. A partir de tais critérios, desenvolvemos uma coleção de vinte e quatro livros, a qual se constitui em um curso médio de Teologia a distância.

Esses vinte e quatro livros, escritos de forma clara e objetiva, apresentam, de modo geral, vinte capítulos divididos em quatro unidades. Em cada unidade e em cada capítulo, há sempre uma introdução para que o leitor tenha ciência do que estudará naquela unidade e naquele capítulo. Tudo isso foi realizado com o intuito de facilitar a leitura. Com esse mesmo intuito, solicitamos que você observe as orientações para o estudo.

1- Recomendações para melhor aproveitamento de seu curso

Esse estudo requer atitudes próprias de qualquer estudante, porém ele tem como objetivo essencial abençoar sua vida cristã e dar-lhe instrumentos para que você desenvolva o ministério cristão com maior eficácia. Isso implica que serão necessárias, de sua parte, atitudes espirituais corretas, tais como:

1) Ore sempre antes de começar a lição. Isso preparará o seu coração para receber não apenas as informações, mas principalmente os princípios que serão úteis na sua vida com Deus.

2) Tenha o cuidado de sempre consultar a Bíblia. A leitura bíblica é primordial e insubstituível. Quanto mais você conhecer a Bíblia pela leitura diária, mais facilidade terá na compreensão de estudos que lhe auxiliarão no conhecimento dela.

3) Tenha sempre uma atitude de humildade. Deus revela verdades importantes àqueles que mantém essa atitude em seus corações.

Além desses cuidados, atente também para a dedicação, a disciplina e a perseverança, atitudes essenciais para a obtenção de êxito em todas atividades. Ao iniciar este curso de Teologia, conscientize-se da importância da manutenção desses princípios para o sucesso de sua aprendizagem. Concentre-se sempre no que estiver fazendo, pois a vida está no presente. O passado é a fonte das experiências, e o futuro, um tempo que deve ser planejado para que, quando transformado em presente, possibilite a colheita do que foi plantado, isto é, a obtenção dos resultados desejados. Se mantivermos tudo isso em mente, teremos sempre grandes chances de alcançarmos nossos objetivos.

2- Regras Básicas para a Compreensão do Texto

A leitura bem sucedida – compreensão de texto - requer do leitor a observância de alguns procedimentos básicos. São eles:

· Leitura do texto – Ao iniciar seu estudo, preste atenção à apresentação do livro e à introdução de cada unidade e de cada capítulo. Isto é importante porque essas introduções facilitarão sua compreensão do texto.

· Leitura de unidades de ideia – A leitura de palavras, ao contrário da de unidades de pensamento, faz com que o leitor interprete um texto erroneamente. Isto significa que não devemos ler palavra por palavra e sim atentar para a ideia geral do texto.

· Conhecimento do vocabulário – O conhecimento do significado das palavras auxilia todo o processo de leitura. Por isso, tenha sempre à mão um dicionário da língua portuguesa e também um dicionário ou enciclopédia bíblica. É importante que essa consulta ao dicionário seja feita somente após uma primeira leitura do texto para que você não corra o risco de fazer uma leitura com interpretação inadequada.

· Leitura de diversos tipos de texto – A diversidade de textos permite que o leitor não só amplie seus conhecimentos, como também adquira maior habilidade para leitura. Procure ler outros livros que falem sobre o mesmo assunto.

3- Aplicação Pessoal

· Questões para reflexão – Em todos os capítulos, há questões com o objetivo de levar o estudante a refletir sobre os temas abordados, bem como fazer uma aplicação dos mesmos à realidade atual.

· Exercícios – No final de cada livro, o estudante encontrará exercícios relacionados a cada capítulo estudado para a verificação do conhecimento e fixação do conteúdo.

INTRODUÇÃO

A Escola Dominical é a principal agência de ensino da Igreja. Esse axioma nos remete a duas importantes atitudes: a primeira, conhecer e compreender seu nascimento e processo de estabelecimento através da história e; conhecer os principais aspectos que sustentam sua condição de organização de maior estabilidade e relevância dentro das igrejas evangélicas no mundo inteiro. Esse Livro foi concebido para dois grupos de pessoas, a saber, para os professores e colaboradores da Escola Dominical, servos do Senhor que vêm realizando um trabalho de relevância imensurável para o Reino de Deus, e os amantes e alunos da Escola Dominical, que são peças fundamentais para sua existência. Os alunos são a razão da existência da Escola Dominical. Assim, para atingir esse objetivo o Livro foi estruturado em quatro unidades que tratam das principais características da Escola Dominical.

Na primeira unidade estudaremos a "História da Escola Dominical. Trararemos da educação no Antigo Testamento. Compreenderemos como ocorreu a educação no período de Jesus. Aprenderemos, também, sobre a educação no período apostólico. Passaremos pela educação no período que compreende a Idade Média e a Reforma Protestante. E, por fim, falaremos sobre o nascimento da Escola Dominical na Inglaterra e o ensino na era contemporânea.

Na segunda unidade estudaremos sobre a "Educação e a Igreja: A relação entre a Educação Cristã e a Escola Dominical". Abordaremos a relação entre educação e a Igreja. Discutiremos, também, acerca do ensino e os desafios da globaliazação. Aprenderemos sobre a Escola Dominical e seu papel de principal agência ensinadora da Igreja. Nos deteremos nos desafios que a Escola Dominical enfrenta hoje. E, por fim, falaremos sobre a expansão da Escola Dominical.

Na terceira unidade, estudaremos acerca da "Estrutura Organizacional da Escola Dominical". Em primeiro lugar, estudaremos a estruturação e organização física da Escola Dominical. Depois, abordaremos a organização administrativa da Escola Dominical. Aprenderemos, também, sobre a Escola Dominical e sua organização curricular. Em seguida, trataremos da organização pedagógica da Escola Dominical. E, por fim, falaremos sobre os principais recursos e materiais didático que são utilizados na Escola Dominical.

Na quarta e última unidade de nosso Livro, estudaremos a "Prática Pedagógica da Escola Dominical". Primeiramente, estudaremos a excelência do ensino na Escola Dominical. Em seguida, apresentaremos as principais características do professor da Escola Dominical. Sublinharemos a importância do aluno e seu papel no processo de ensino e aprendizagem. A seguir, trataremos da relevância dos métodos de ensino na prática pedagógica, bem como os principais métodos utilizados na Escola Dominical. E finalmente, falaremos sobre a necessidade dos processos avaliativos para o aprimoramento da Escola Dominical.

Bons estudos e que Deus nos abençoe!

HISTÓRIA DA ESCOLA DOMINICAL

A Educação Cristã baseia-se nas experiências e nas ordenanças bíblicas acerca da importância do ensino no processo de crescimento individual e coletivo, bem como intelectual e espiritual dos cristãos. É importante ressaltar que, de forma geral, aquilo que reconhecemos como fundamento para a Educação Cristã passa pelos exemplos expostos tanto no Antigo Testamento como no Novo Testamento.

Esta unidade está dividida em cinco capítulos. No primeiro capítulo, estudaremos a educação no Antigo Testamento. Logo em seguida, compreenderemos como ocorreu a educação no período de Jesus. No terceiro capítulo, aprenderemos sobre a educação no período apostólico. No quarto capítulo, estudaremos a educação no período que compreende a Idade Média e a Reforma Protestante. E, por fim, no quinto capítulo, falaremos sobre o nascimento da Escola Dominical na Inglaterra e o ensino na era contemporânea.

CAPÍTULO 1

A educação no Antigo Testamento

Lopes (2010), ressalta a singularidade da educação hebraica em relação aos métodos de ensino propostos pelas diferentes civilizações orientais, a saber, "enquanto estes focavam o aspecto místico da religião, da mitologia ou especulações filosóficas, os hebreus ressaltavam as evidências históricas ou os atos presenciais de Deus na História" (p.39).

1.1 A educação nos dias de Moisés

É evidente no texto bíblico que, num primeiro momento, a educação estava focada na família, e tinha como objetivo a formação moral e religiosa. Como não havia escolas formais, pelo menos na era mais primitiva da história de Israel, a educação ficava sob a responsabilidade dos pais. Segundo Lopes (2010),

> Durante os primeiros anos, a mãe era a única a cuidar da criança, mas, aos quatro anos, a situação mudava conforme o sexo: a menina continuava com a mãe, e o menino passava para os cuidados do pai (p.40).

Andrade (2002) sublinha que os patriarcas eram considerados além de chefes de suas famílias, "também de profeta, sacerdote e professor do lar" (p.22). Possuíam,

> Poder irresistivelmente monárquico: ditavam as normas, arranjavam casamentos, comandavam pequenos exércitos, negociavam a paz, estabeleciam tratados e alianças com outros clãs e orientavam a vida econômica de seus descendentes. O que mais os caracterizava, porém, era educar os filhos nos caminhos do Senhor, para que o conhecimento divino não viesse a perder -se entre a gente idólatra de Canaã e do Egito (2002, p.22).

Segundo Roland de Vaux (2004), as crianças em seus primeiros anos de vida ficavam aos cuidados da mãe e de uma ama de leite e, mesmo depois de desmamada, era ensinada a andar. A criança também interagia com as outras crianças de sua idade, cantavam, dançavam e brincavam como brinquedos confeccionados de barro cozido, que segundo de Vaux (2004), foram encontradas em escavações em diversas parte de sítios arqueológicos em Israel. Era competência de a mãe também dar,

> Aos pequeninos os primeiros elementos de uma instrução sobretudo moral, Pv 1,8; 6,20. Esses conselhos maternais podiam estender-se também aos adolescentes, cf. Pv 31,1. Entretanto os moços, ao saírem da infância, eram confiados aos seus pais (p.72).

A instrução dada pelos pais aos filhos passava por duas dimensões: a religiosa e profissional. Era um dever sagrado dos pais ensinarem seus filhos tanto os assuntos religiosos, como os da educação em si:

E para que contes aos ouvidos de teus filhos, e dos filhos de teus filhos, as coisas que fiz no Egito, e os meus sinais, que tenho feito entre eles; para que saibais que eu sou o Senhor (Êx 10,2)

E naquele mesmo dia farás saber a teu filho, dizendo: Isto é pelo que o Senhor me tem feito, quando eu saí do Egito. (Êx 13,8).

Tão-somente guarda-te a ti mesmo, e guarda bem a tua alma, que não te esqueças daquelas coisas que os teus olhos têm visto, e não se apartem do teu coração todos os dias da tua vida; e as farás saber a teus filhos, e aos filhos de teus filhos (Dt 4,9).

Filho meu, ouve a instrução de teu pai, e não deixes o ensinamento de tua mãe, Porque serão como diadema gracioso em tua cabeça, e colares ao teu pescoço (Pv 1,8-9).

Filho meu, guarda o mandamento de teu pai, e não deixes a lei da tua mãe; Ata-os perpetuamente ao teu coração, e pendura-os ao teu pescoço. Quando caminhares, te guiará; quando te deitares, te guardará; quando acordares, falará contigo (Pv 6:20-22).

A instrução doméstica se fortalece nos dias de Moisés, conforme atesta Andrade (2002). O texto lembrado pelo autor é o de Deuteronômio 6,6-12:

E estas palavras, que hoje te ordeno, estarão no teu coração; E as ensinarás a teus filhos e delas falarás assentado em tua casa, e andando pelo caminho, e deitando-te e levantando-te. Também as atarás por sinal na tua mão, e te serão por frontais entre os teus olhos. E as escreverás nos umbrais de tua casa, e nas tuas portas. Quando, pois, o Senhor teu Deus te introduzir na terra que jurou a teus pais, Abraão, Isaque e Jacó, que te daria, com grandes e boas cidades, que tu não edificaste, E casas cheias de todo o bem, que tu não encheste, e poços cavados, que tu não cavaste, vinhas e olivais, que tu não plantaste, e comeres, e te fartares, Guarda-te, que não te esqueças do Senhor, que te tirou da terra do Egito, da casa da servidão (Dt 6:6-12).

Os preceitos de Deus devem ser ensinados aos filhos com a finalidade de que, após a estadia na terra prometida, não quebrassem a aliança estabelecida com Deus no deserto, e se lembrassem das maravilhas realizadas por Ele em favor de seu povo. O temor do Senhor era tema do ensino coletivo também, como atesta Deuteronômio 31,12-13:

> Ajunta o povo, os homens e as mulheres, os meninos e os estrangeiros que estão dentro das tuas portas, para que ouçam e aprendam e temam ao Senhor vosso Deus, e tenham cuidado de fazer todas as palavras desta lei; E que seus filhos, que não a souberem, ouçam e aprendam a temer ao Senhor vosso Deus, todos os dias que viverdes sobre a terra a qual ides passando o Jordão, para a possuir.

De Vaux (2004) ressalta que esse ensinamento poderia ser por meio de escritos, mas, não obstante, tais ensinamentos davam-se oralmente. O mestre narrava, explicava, interrogava, e o discípulo repetia, fazia perguntas ou as respondia (Ex 13,8; Dt 6,7-20; Sl 78,3-4). Quanto ao tipo de ensino, sublinha de Vaux (2004, era muito geral:

> O pai transmitia as tradições nacionais a seu filho, que eram também tradições religiosas, e as prescrições divinas dadas aos antepassados, Ex 10,2 e outros textos que acabamos de citar. Ensinavam-se também às crianças fragmentos de literatura, como a elegia de Davi sobre Saul e Jonatas, 2 Sm 1,18, que era recitada ainda na época dos Macabeus, 1 Mc 9,20-21 (p.73).

George (1993) enfatiza que o modelo estabelecido nos lares deve espelhar o de Deus, que segundo o autor, é o primeiro professor por excelência. Ele enfatiza, também, que a divisão tripartida da Bíblia Hebraica, a saber, Lei de Moisés, Profetas e Escritos, servem como uma demonstração da função didático-pedagógico do Antigo Testamento (p.43).

O Pentateuco, ou seja, os cinco livros considerados de autoria de Moisés, reforçam a história da salvação, o cuidado de Deus para com o seu povo, no momento mais marcante da história de Israel, o Êxodo. O contar e recontar dessa história, que aconteciam nas diversas festas religiosas ordenadas por Deus, contribuíram, segundo George (1993), para que os conceitos éticos e morais, a herança histórica e os ensinamentos que os judeus ensinaram aos seus filhos chegassem até nós (p.44).

O Pentateuco é, para George (1993), a parte do Antigo Testamento que mais se caracteriza pelo processo de ensino diretivo de Deus. A partir de um conteúdo programático pronto, as diversas gerações interagem no processo de transmissão do ensino divino. Para ele, portanto, no Pentateuco há duas ênfases didáticas:

> As diretas narrações das histórias ocorridas no passado com significado no presente, e, em segundo lugar, as instruções. Outra nomenclatura para os cinco livros da Lei é Torá, que quer dizer lei ou instrução. A Torá contém muitas instruções dadas por Deus a Moisés e por Moisés ao povo. Em Êxodo e Levítico há detalhadas instruções cúlticas, cerimoniais, legais

> e éticas. Os Levitas eram responsáveis pelo Ensino (Lv 10.11; 2 Cr 35.3). Nos livros da Lei, portanto, descobrimos a grande importância no processo educacional. No Pentateuco, a História da Salvação é ensinada às crianças no Lar. No meio das histórias e das instruções, há muitas perguntas feitas pelas crianças aos pais ou pelos discípulos aos mestres (p.45).

Claudino Piletti e Nelson Piletti (2012), enfatizam o rigor e a disciplina severa que a Bíblia exigia dos pais no processo de ensino dos filhos, aconselhando em momentos específicos o uso da vara (p. 25). Henri Daniel-Rops (1983) traz-nos exemplos cultivados nos períodos mais tardios da história de Israel, que evidenciam a preocupação com educação moral e religiosa exigida dos pais. Em especial, a preocupação com a história da salvação do Egito e as maravilhas realizadas por Deus eram fundamentais, como por exemplo, o Salmo 78 e os significados das grandes festas, lhes mostrando o caráter sagrado de cada costume realizado (p.78).

1.2 Na época dos sacerdotes, profetas e reis

Além das casas e dos pais, havia outros espaços e agentes para instruírem os jovens israelitas. Nas caravanas e junto aos poços, à porta da aldeia assistindo os debates dos anciãos, nos santuários ou no Templo de Jerusalém, onde ouvia cantar os diversos salmos e as narrativas das recordações históricas atreladas as festas do povo, são os espações enumerados por de Vaux (2004, p.73).

Os sacerdotes e os profetas assumiram a função de ensinar o povo em períodos posteriores. Em primeiro lugar estavam os sacerdotes, considerados como guardiães da Lei, da Torá. Quanto aos profetas, atesta de Vaux (2004), tinham a tarefa de instruir o povo religiosa e moralmente, embora não fossem os mais escutados pelo povo.

Piletti (2012) denomina a educação que surge logo em seguida ao período da escravidão do Egito e os primeiros anos de adaptação na Terra de Canaã, - identificada pelos israelitas como Terra Prometida –, de forma "colegiada de educação:

> Sacerdotes, profetas se reunião para conhecer a sagrada escritura, principalmente o livro de Levítico. E as chamadas escolas dos profetas instruíam sobre serviços religiosos,

> muito importantes num estado teocrático. A música, e a poesia também eram importantes. Estudavam-se, ainda, Legislação e medicina (p. 25).

Ele acrescenta que houve um crescimento massivo desse sistema nos tempos da realeza de Davi, cuja poesia e a música eram aprendidas com entusiasmo, exemplo disso são os diversos salmos compostos em sua época, e, diga-se de passagem, pelo próprio Davi.

Da mesma forma, devido sua imensa sabedoria, Salomão aperfeiçoou o sistema educativo, bem como o fortalecimento da educação familiar, como atestado em seu mais famoso livro de sábios conselhos, Provérbios (p.25).

Contudo, devido às constantes crises políticas e espirituais os profetas assumem, segundo George (1993), a função de pedagogos da nação. Eram eles que, em tempos de crise, anunciavam a palavra do Senhor, deslocando a função do sistema educacional divino para o aspecto corretivo:

> Se a primeira divisão do Canon do Antigo Testamento, o Pentateuco, representa a tarefa de conservação, transmissão e manutenção do legado e herança do passado, a segunda divisão, os Profetas, por sua vez, representam outra tarefa educacional, a de questionar, examinar criticamente, refletir contextualmente (p.48).

Mas, é importante frisar, que mesmo os profetas atuando por intermédio de sua literatura, pregação e pedagogia, não há indício de uma falta de ensino da Torá, pelo contrário, afirma Peletti (2012), difundiram-se as profissões de *escriba e doutor da lei*. Em especial durante e depois do período do exílio babilônico, surgiu a necessidade do ensino especializado da Torá.

Segundo George (1993),

> A Lei de Moisés foi ensinada ao povo pelos escribas, que tomaram o lugar dos profetas. Os escribas eram uma classe de mestres profissionais da lei, e a estudaram diligentemente. Eram homens das sagradas letras, que juntaram, copiaram, preservaram e interpretaram a Lei. O surgimento das

sinagogas naquele período vem ao encontro das necessidades populares. Num ambiente estranho e hostil ao monoteísmo judaico, a sinagoga torna-se um "oásis", onde se recorda a Torá e as promessas de repatriamento. Com os escribas, intensificam-se o ensino formal. A sinagoga é a escola, a Lei mosaica seu texto (p.49-50).

De Vaux (2004) enumera os sábios, que ao lado dos sacerdotes, profetas e escribas,

> Ensinavam a arte de viver bem e cuja influência aumentou a partir do Exilio, quando os sábios se confundiram com os escribas, e a educação moral combinou-se com o estudo da Lei. Seu ensinamento era comunicado nas reuniões dos anciãos, Eclo 6.34, nas conversas dos comensais Eclo 9.16, mas também ao ar livre, à porta das cidades, nas ruas e nas esquinas, Pv 1.20s; 8.2s. (p.73-74).

1.3 No Pós-cativeiro

Apenas tardiamente o ensino escolar organizado é atestado em Israel. A palavra "escola", do hebraico *bêt-midrash*, aparece pela primeira vez em escritos do primeiro século antes da era cristã, mas aponta de Vaux (2004):

> Segundo uma tradição judaica, só no ano de 63 d.C. o sumo sacerdote Josué ben Guimla decretou que cada cidade e cada aldeia deveriam ter uma escola que as crianças deviam frequentar obrigatoriamente, a partir dos 6 ou 7 anos. Essa tradição é contestada por alguns eruditos que fazem remontar a instituição da instrução pública à época de João Hircano, por volta de 130 a.C. (p.74).

Rops (1983) aponta para esse momento como a promulgação "da primeira legislação educacional", que exigiam, também, a participação dos pais:

> os pais eram obrigados a enviar seus filhos, havia castigos para os preguiçosos e os que faltavam muito, uma espécie

> de curso secundário para os alunos mais inteligentes. Jesus não teve o benefício de tal sistema em sua infância; mas é provável que o rabino Gamala estivesse dando apenas os toques finais em algo que já existia bem antes dele. A escola primaria ficava ligada a sinagoga, como acontecia no oeste medieval, com a igreja paroquial. As crianças, tanto ricas como pobres, começavam a frequenta-la na idade de cinco anos. O mestre não era outro senão o *hazzan,* o guardião dos livros sagrados e o ministro da sinagoga. Mais tarde, ficou estabelecido que no caso do número de alunos ultrapassar vinte e cinco, um professor especial seria nomeado. Os professores eram muito considerados; de fato, a voz corrente dizia que um mestre-escola era "o mensageiro do Todo-poderoso". Ao que parece, havia até mesmo inspetores encarregados de supervisionar a educação (p.79).

O ensino baseava-se exclusivamente no conteúdo da Torá, a Escritura Sagrada de Deus. Se o conteúdo era único, a metodologia era muito variada. Rops (1983) diz que os principais alunos se assentavam no chão à volta do mestre, e tinham como tarefa repetirem juntos, e de memória, as sentenças ditas pelo mestre. O uso da mnemônica se constituía como fundamental no processo de ensino e aprendizagem - aliteração, paralelismo e repetição (p.79).

Lopes (2010) reforça que no período intertestamentário surgiram diversos grupos políticos-religiosos em Israel. Saduceus, fariseus e essênios. As diversas disputas com os diversos dominadores contribuíram para uma centralidade na preservação da Lei dos pais, a saber, a Torá. Embora houvesse interesses político em cada grupo, o que havia em comum entre eles era a centralidade na Lei, aponta Lopes (2010, p.46).

Diversos comentários e interpretações da Lei foram criados para o auxílio do cumprimento, bem como do auxílio na interpretação da mesma. Num primeiro momento tais comentários eram orais, aponta Lopes (2010), mas com o tempo foram fixados por escrito, pois, eram

> vários comentários, interpretações e complementos, que foram denominados de lei oral, conhecida como *Mishná*. A *Mishná* compreendia as leis civis, comerciais e penais, extraídas do material legislativo do Pentateuco. Era "para os judeus a principal Escritura depois do Antigo Testamento, além de ser considerada pelos autores como parte intrínseca

> da *Torá* oral"; isso, apesar de citar poucos textos bíblicos, pois apelava para a autoridade dos ditos de mais de 150 diferentes rabinos, incluindo debates e pontos de discordâncias, e não para passagens bíblicas. Ela surgia na vida estudantil aos dez anos de idade; antes disso, as crianças de seis a dez anos recebiam noções de leitura e ensino hebraicos, conhecidos como *Mikrah*. A *Mishná* foi transmitida durante gerações; aos poucos, foi tomando a forma escrita, até que, finalmente, o rabi Jehuda compilou esses documentos, e surgiu o *Talmude*. "Este, é semelhante a uma enciclopédia, reverenciada e em grande parte autorizada entre os judeus de hoje, por ser a coleção de escritos que abrange e determina as leis religiosas e civis do povo judeu, dividida em duas partes principais: 1) *Mishná*, a lei oral; 2) *Guemará*, o comentário da *Mishná*. (p.47).

Contudo, a *Guemará* era destinada aos alunos de idade avançada, por volta dos dezoito anos, que aprendiam, também, história natural, medicina e anatomia. A exigência nos estudos, porém, fazia parte de todos os graus de ensino, com prolongados exercícios no lar, com indicação de longas repetições das sentenças mal compreendidas por parte do aluno.

Ressaltando que, a educação formal estava destinada aos meninos, pois, as meninas continuavam sob a tutela da mãe, que tinham como tarefa ensiná-las o ofício de mulher e do cuidado da casa. Henri Daniel-Rops (1983) enumera os ofícios que deviam ser aprendidos pelas meninas,

> As filhas ficavam com as mães até o dia do casamento. Elas ajudavam nos cuidados da casa, carregavam água, teciam e, na zona rural, participavam do trabalho externo — respigavam após os ceifeiros ou cuidavam das ovelhas durante o dia (p.78).

Devido ao uso exclusivo da Torá no ensino as meninas foram excluídas das escolas formais. Pelo fato de não exercerem uma posição oficial na religião, o que era exclusivamente destinada aos homens, qual seria a finalidade de ensinar as mulheres?, questionavam alguns rabinos. Muitas sentenças negativas acerca do ensino das mulheres eram propagadas por rabinos, como aponta Rops (1983), mas havia alguns que concordavam com o ensino das mesmas:

> "Seria melhor ver a Torá queimada, " afirmou um doutor algo exaltado, "do que ouvir suas palavras dos lábios das mulheres. O mesmo doutor, que era sem dúvida um misógino, declarou que "ensinar uma menina seria o mesmo que colocá-la no caminho da devassidão moral". Talvez possa ser vista aqui uma referência as maneiras do mundo pagão, em que a educação das mulheres fazia com que entrassem em contato com os homens, em grande detrimento da boa ordem. Todavia, nem todos os rabinos defendiam esta opinião, e o mesmo tratado do Talmude que impede a entrada de meninas na escola, contem esta máxima sabia: 'Todo homem deve ensinar a Tora a sua filha" (p.79).

Quanto à educação profissional, eram transmitidas as técnicas e ofícios de forma hereditária e nas oficinas de trabalho. "Quem não ensina a seu filho um ofício útil, o cria para ser ladrão", diria um rabino.

É nesse ambiente que Jesus cresce, se desenvolve e se torna um mestre por excelência. Contudo, a pedagogia de Jesus difere substancialmente daquela proposta pelo judaísmo e pelos rabinos de Seu tempo. A seguir, focaremos na proposta pedagógica de Jesus.

Questão para Reflexão

Reflita sobre como o ensino no Antigo Testamento estava intrinsecamente ligado à fé em Deus.

CAPÍTULO 2

Evangelhos e Educação: Jesus Cristo como Educador

> "Percorria Jesus toda a Galileia, ensinando nas sinagogas, pregando o Evangelho do reino e curando toda a sorte de doenças e enfermidades entre o povo". (Mt 4,23)

Em muitas ocasiões Jesus foi reconhecido como mestre. O termo dida,skaloj (didáskalos: mestre; professor) abrange todos aqueles que se dedicam com regularidade ao ensino de determinado conhecimento ou técnica. O termo ocorre 59 vezes no Novo Testamento, tendo como mais ocorrência os Evangelhos, sendo utilizada 41 vezes para Jesus (Dicionário, p.641).

Segundo Lothar Coenen e Colin Brown (2000), a forma vocativa dida,skalh (mestre) é meramente uma tradução do hebraico *rabbi*, conforme Jo 1,38; 20,16. E acrescenta que,

> O emprego de "Rabi" como forma de se dirigir a Jesus talvez seja historicamente autêntico, pois, segundo a tradição, tinha todas as marcas do rabino; pede-se da parte dEle diretrizes acerca de questões disputadas da Lei (Lc 12:13-14), e sobre questões doutrinárias (Mc 12:18 e segs., a respeito

> da ressurreição); além disso, tem alunos. As condições posteriores para ter o título de rabino, a saber: o estudo e a ordenação, ainda não eram obrigatórias nos tempos de Jesus (p.641)

2.1 Jesus, o modelo de educador

Julio Zabatiero (2009) reflete sobre a prática educativa de Jesus enquanto trabalha os aspectos da espiritualidade na educação cristã. Ele enfatiza a necessidade de os educadores cristãos seguirem o exemplo de Jesus, seguindo o exemplo de uma espiritualidade baseada na graça de Deus e para a glória de Deus (p.65).

Zabatiero (2009) reforça a necessidade de seguirmos o modelo de Jesus, que segundo ele, "não via o ser humano apenas como corpo, apenas como mente e espírito." Ou seja, o ministério de ensino proposto por Jesus abarcava o ser humano na sua integralidade, em todos os aspectos da vida. Assim, propõe olharmos para a prática educativa de Jesus a partir de três aspectos:

1) Onde, quando e a quem Jesus ensinava;
2) Como Jesus ensinava;
3) O que Jesus ensinava.

Jesus ensinava aos sábados nas sinagogas (Mc 1,21), nos montes (Mt 5,1), nas planícies (Lc 6,17), à beira da praia (Lc 5,3), nas casas (Mc 2,1-3). Isso demonstra que, indistintamente, Jesus ensinava conforme a ocasião, "em todos os lugares possíveis e a qualquer momento em que fosse necessário ensinar" (p. 67).

O Evangelho de Mateus é a narrativa que mais evidencia o ministério didático de Jesus, lembra-nos George (1993). Ele intercala seus blocos narrativos entre os ensinos de Jesus, que na sua totalidade chagam a cinco:

1) Discurso no Monte (Mt 5-7);
2) Discurso sobre Missão (Mt 10);
3) Parábola do Reino (Mt 13);
4) Discurso sobre Disciplina (Mt 18);
5) Discurso sobre o fim e o Julgamento (Mt 23-25).

A relação de Jesus com seu compromisso o motivava a ensinar no necessário. Sua postura revela a preocupação com a necessidade das pessoas que o procuravam para terem suas carências resolvidas. Zabatiero (2009), ao analisar a passagem de Mc 6,30-44, conhecida como a multiplicação dos pães, aponta para o objetivo de Jesus ao ir para o deserto com seus discípulos, descansar. Porém, ao chegar no lugar escolhido para repouso, "viu Jesus uma grande multidão e compadeceu-se deles, porque eram como ovelhas que não têm pastor. E passou a ensinar-lhes muitas coisas" (Mc 6,34).

Jesus corria risco de morte, mas não desistia de ensinar nas sinagogas da Galileia. No Evangelho de Marcos (3,1-6) Jesus está numa sinagoga. Havia um homem com mãos ressequidas. Era sábado, e os homens que estavam na sinagoga esperavam para a ver se Jesus curaria o homem naquele dia de sábado. Jesus diz ao homem: Vem para o meio (v.3). Esse gesto de Jesus é representativo, pois, no meio da sinagoga ficava a Lei de Moisés. Jesus ao chamar o homem para o meio estava colocando a Lei e a vida no centro. Jesus ensina por meio dos gestos. Seu ensino baseia-se na vida. Sua pergunta: É licito salvar a vida ou tirá-la no sábado? Jesus ensina a importância da vida e sua centralidade na Lei, pois, se a Lei não servir para instruir a vida, está sendo usada de forma equivocada.

Jesus ensinava a todos, sem exceção. Ele ensinava,

> Aos frequentadores das sinagogas, aos seus discípulos, às multidões. Ensinava também a indivíduos, tanto pessoas comuns como figurões importantes. Mais de uma vez discutiu pedagogicamente com os fariseus (Mc 7.1ss) e com os mestres da Lei (Mc 12,28-34). Em seu ministério, Jesus ensinava a quem quer que precisasse ouvi-lo (ZABATIERO, 2009, p.68).

Os rabinos do tempo de Jesus ensinavam apenas os homens, como atestado anteriormente, e escolhiam os melhores, os que se destacavam nas escolas para serem os futuros mestres de Israel.

A mulher em tudo era inferior ao homem, era considerada menor, casada ou viúva. Na sinagoga, as mulheres ocupavam lugares especiais, atrás das grades ou nos *matroneus*. Não podiam ler, nem falar, nem explicar a lei. Não constavam como testemunha, não podiam ensinar as crianças, nem sequer fazer a oração à mesa. Não podiam aprender a Lei. "Quem ensinar a lei à sua filha é como se lhe ensinasse libidinagem"; "é melhor queimar a Lei Santa do que entregá-la a uma mulher." Não podia aparecer em público, especialmente seguir e ouvir rabinos. Nem mesmo o marido lhe dirigia a palavra em público ou diante da visita numa casa.

Segundo a teologia rabínica um judeu deve dar graças a Deus todos os dias por:

a) Por Deus não os ter feito pagãos;
b) Por não ter nascido mulher;
c) Por não pertencer aos ignorantes da lei.

Como se comporta Jesus diante dessa tradição discriminatória? Deixa que venha atrás de si um grupo de mulheres da Galileia:

> E aconteceu, depois disto, que andava de cidade em cidade, e de aldeia em aldeia, pregando e anunciando o evangelho do reino de Deus; e os doze iam com ele, E algumas mulheres que haviam sido curadas de espíritos malignos e de enfermidades: Maria, chamada Madalena, da qual saíram sete demônios; E Joana, mulher de Cuza, procurador de Herodes, e Suzana, e muitas outras que o serviam com seus bens (Lc 8:1-3).
>
> E todos os seus conhecidos, e as mulheres que juntamente o haviam seguido desde a Galileia, estavam de longe vendo estas coisas (Lc 23:49).
>
> E também ali estavam algumas mulheres, olhando de longe, entre as quais também Maria Madalena, e Maria, mãe de Tiago, o menor, e de José, e Salomé; As quais também o seguiam, e o serviam, quando estava na Galiléia; e muitas outras, que tinham subido com ele a Jerusalém (Mc 15:40,41).

Apesar do escândalo dos apóstolos, conversa com uma mulher samaritana (Jo 4); na narrativa da grande pecadora que com suas lágrimas lava os seus pés não enxerga a prostituta, mas o ser humano que precisa de acolhimento e perdão (Lc 7,36-50).

Em Jo 8, a mulher adúltera recebe a misericórdia de Jesus. Muitas outras mulheres auxiliou e curou: A sogra de Pedro (Mt 8,14-15); a mãe desconsolada de Naim (Lc 7,11-17); a filha morta de Jairo (Mt 9,18-26); a mulher que estava 18 anos encurvada (Lc 13,10-17); a mulher Siro-Fenícia que Jesus diz encarecidamente: "Mulher, grande é a tua fé"; a mulher do fluxo de sangue que havia doze anos sofria com sua doença, impura e socialmente desprezível (Mc 5,25-35), mas a despeito das leis de purificação ele a cura publicamente.

A atitude de Jesus com Marta e Maria (Lc 10,38-42), o que um rabino ortodoxo jamais faria, o fez com toda a simplicidade: explicar questões teológicas a uma mulher que, como um discípulo, se senta aos pés do mestre:

> E aconteceu que, indo eles de caminho, entrou Jesus numa aldeia; e certa mulher, por nome Marta, o recebeu em sua casa; E tinha esta uma irmã chamada Maria, a qual, assentando-se também aos pés de Jesus, ouvia a sua palavra. Marta, porém, andava distraída em muitos serviços; e, aproximando-se, disse: Senhor, não se te dá de que minha irmã me deixe servir só? Dize-lhe que me ajude. E respondendo Jesus, disse-lhe: Marta, Marta, estás ansiosa e afadigada com muitas coisas, mas uma só é necessária; E Maria escolheu a boa parte, a qual não lhe será tirada (Lc 10:38-42).

Assim, Jesus é um mestre diferente dos seus contemporâneos judeus. Enquanto eles (fariseus) restringiam o ensino a poucos, aos melhores, Jesus oferece seu ensino a todos, inclusive às mulheres.

> Vinde a mim, *todos* os que estais cansados e oprimidos, e eu vos aliviarei. *Tomai sobre vós o meu jugo, e aprendei de mim*, que sou manso e humilde de coração; e encontrareis descanso para as vossas almas. Porque o meu jugo é suave e o meu fardo é leve (Mt 11:28-30).

Num dos seus maiores recursos didáticos, a saber, as parábolas, têm as mulheres como protagonistas (Mt 25,1-13; Lc 15,8-10; Mt 13,33; Lc 18,1-8; Lc 21,1-4; Lc 20,27-40; Mt 22, 23-33; Mt 12, 41-42; Lc 11, 31-32; Lc 4,25-27), algo que não identificamos em nenhum exemplo existente entre os rabinos judeus.

2.2 Os métodos e técnicas de ensino de Jesus

Como Jesus ensinava? Jesus utilizou muitos métodos e técnicas de ensino que já estavam em curso em seu tempo e cultura. Zabatiero (2009) enumera alguns:

> Aulas expositivas (o sermão do monte), aulas práticas (lavando os pés dos discípulos para mostrar-lhes o que deveriam fazer), parábolas (Mc 4.1ss), perguntas como respostas a outras perguntas (Mc 10.17-18), conversas (Mc 10.23-31), debates com seus oponentes (Mc 7,1ss) e até técnicas corpóreas (pegava crianças no colo etc.) (p.68).

George (1993) destaca a importância da relação professor-aluno-mensagem, no ministério de Jesus. Havia uma relação muito profunda entre professor-aluno, ou seja, Jesus ensinava e os discípulos participavam de forma ativa no processo (p.59). O processo, muitas vezes, acontecia por meio de perguntas, o que George (1993) nomeia de "pedagogia da pergunta". Ele destaca o encontro de Jesus com o doutro da Lei em Lc 10,25-37, cuja pergunta do mesmo é respondida com outras perguntas: o que está escrito na Lei? Como interpretas?

Mediante a resposta do doutor da lei, Jesus lança mão de outro recurso didático, a parábola. A discussão sobre a definição de parábola é intensa e imensa, e não se enquadra ao objetivo desse material, contudo, apresentaremos uma definição que leve em consideração sua função. Joachim Jeremias (1963) observa o seguinte acerca das parábolas de Jesus:

> Esta parábola pode significar, na linguagem comum do judaísmo pós-bíblico, sem que se recorra a uma classificação formal, formas figurativas de linguagem de todos os tipos: parábola, símile, alegoria, fábula, provérbio, revelação apocalíptica, enigma, símbolo, pseudônimo, pessoa fictícia, exemplo, tema, argumento, apologia, refutação, anedota (p.20).

Kenneth Bailey (1995) reforça que as parábolas não são ilustrações repletas de declarações abstratas, mas, pelo contrário, as parábolas carregam confrontações dramáticas, que são expressas de forma breve, que são, segundo ele, inesquecíveis. E reforça,

> Um impacto é causado no ouvinte/leitor que demanda uma reação. As implicações teológicas obrigam a mente a sair deste centro compacto, em inúmeras direções. Não foi

> registrada a resposta do discípulo original. O leitor precisa responder agora. Tudo acontece a uma só vez, em uma confrontação intensa e dramática. As parábolas de Jesus são uma forma concreta e dramática de linguagem teológica que força o ouvinte a reagir. Elas revelam a natureza do reino de Deus e/ou indicam como um filho do reino deve agir (p.14).

Zabatiero (2009), contudo, sugere que na didática de Jesus as técnicas não eram a coisa mais importante. O que importava para Jesus eram, segundo ele, três aspectos:

- a pessoa ser ensinada
- o conteúdo ensinado e;
- a circunstância do ensino.

As formas de ensino que Jesus utilizava não era diferente daquelas utilizadas pelos doutores de Israel. Porém, Jesus não ensinava como eles, seu ensino era contagiante, profundo e com autoridade.

> "Maravilhavam-se da sua doutrina, porque os ensinava como quem tem autoridade, e não como os escribas" (Mc 1,22). Um erro de interpretação muito comum desse texto é derivar a autoridade pedagógica de Jesus de seu poder milagroso, de sua autoridade para expulsar espíritos impuros (Mc 1,27). No entanto, é preciso prestar atenção: no verso 21, lemos que Jesus ensinava, em um sábado, numa sinagoga. Ouvindo-o, as pessoas se admiravam de sua autoridade pedagógica (v.22). Somente depois do ensino – "não tardou que..." (v.23) – é que Jesus liberta o homem possesso, causando nova admiração (v.27) (ZABATIERO, 2009, p.69).

O evangelista Marcos afirma que Jesus não ensinava como os escribas (Mc 1,22), o que aponta para o diferencial do ensino de Jesus. Sua autoridade não deriva da autoridade dos anciãos, na "tradição", como se baseavam os escribas e fariseus. Os escribas sempre recorriam às tradições para responderem e ensinarem acerca de qualquer assunto solicitado. A base para a interpretação era a Mishná e a Guemará. Assim, seu comentário sempre se baseava em um comentário dos mestres antigos, o que fazia do seu ensino algo sem vida e autoridade. Jesus, contudo, não se fundamentava em ninguém, ele possuía opinião e autoridade própria, o que causava admiração em todos que o ouvia.

> Jesus *vivia* o que ensinava, Jesus se *compadecia* das pessoas a quem ensinava, Jesus se *indignava* com algumas pessoas a quem ensinava. Em suma, Jesus tinha autoridade pedagógica porque seu ensino *nascia* da Palavra de Deus, *entrava* em sua própria vida, levava a sério a *vida e as lutas* das pessoas a quem ensinava e era *relevante* para a situação social em que ele se encontrava. Seu ensino não era meramente "teórico", ou "tradicional". Era um ensino integro e integral: toda a Palavra para toda a pessoa! (ZABATIERO, 2009, p.71).

2.3 A mensagem que Jesus ensinava

O que Jesus ensinava, a ponto de ser tão cativante? O tema principal do ensino de Jesus era o reino de Deus (basilei,a tou/ qeou/ - Basileía tu teu). Jesus anuncia sua irrupção iminente, que se manifesta já, agora. Todavia, ele é também um conceito escatológico, pois se refere ao governo de Deus que põe termo ao atual curso do mundo, que destrói tudo,

> que é contrário a Deus, tudo que é satânico, tudo o que agora faz o mundo gemer, e, pondo desse modo um fim a todo sofrimento e dor, estabelece a salvação para o povo de Deus que espera pelo cumprimento das promessas proféticas"

Essa ideia de Reino de Deus vem do Antigo Testamento. Todavia, o significado de "reino" para eles (Israel) é diferente daquele que nós, ocidentais, pensamos. A palavra *malkuta,* significa "o poder de reinar, a autoridade, o poder dum rei". Ele está sempre em processo de realizar-se. Significa a soberania real de Deus em ação, primeiramente como oposição à soberania real humana, mas também a seguir como oposta a toda soberania no céu e na terra. Virá a hora que Israel será liberto da escravidão dos estrangeiros e o reino de Deus se revelará em toda a sua glória, e todos reconhecerão Deus como rei.

Em resumo: O judaísmo reconheceu Deus como rei. Na era presente, seu reinado se restringe ao povo de Israel, todavia, no fim dos tempos, será reconhecido por todos os povos. Jesus comunga da mesma ideia a respeito da *Malkuta* (Mt 6,10; Lc 11,2; Mc 9,43-48; Mc 14,25; Lc 13,28-29), ou seja, no seu sentido escatológico. Temos a afirmação da proximidade do reino de Deus e o envio dos discípulos com a mesma mensagem: Mt 10,7; Lc 10,9.11; Lc 17,20ss).

A "*basíleia*" sempre e em todo lugar, nas palavras de Jesus, se entende escatológicamente; designa o tempo da salvação; a consumação do mundo, a reconstituição da comunhão com Deus e o homem. Não está vinculada com a principal visão nacionalista de restauração do reinado davídico. Está perto a hora escatológica de Deus, a vitória de Deus, a consumação do mundo.

> Bem-aventurados os olhos que veem o que vós vedes! Pois eu vos digo: Muitos profetas e reis queriam ver o que vós vedes e não viram; queriam ouvir o que ouvis e não ouviram! (Lc 10,23s)

Quais são os sinais dos tempos? Ele mesmo! Seu aparecimento e sua atuação, sua pregação, se ensino. Ou seja, Jesus diz que as profecias de salvação (Is 35,5; 29,18; 61,1) se cumprem já, agora, em seus próprios feitos milagrosos (Lc 7,22ss); é tempo de Festa (Mc 2,18ss).

> Se eu expulso os demônios pelo dedo de Deus, o reinado de Deus chegou até vós! (Lc 11,20).

Tudo isso não significa que o reinado de Deus já é presente, significa, porém que ele está chegando. O ser humano não pode acelerar o curso dos acontecimentos estabelecidos por Deus, quer seja por meio de rigorosos cumprimentos dos mandamentos e por meio de exercícios de penitência, como presumem os fariseus; ou, por meio de uma expulsão dos romanos pela força das armas, como presumem os Zelotes.

Pois, é tempo de salvação!

> "a situação do reinado de Deus se assemelha ao caso de alguém que lança a semente no campo. Ele dorme e acorda no ritmo de noite e dia, e a semente brota e cresce, sem que

> ele saiba como. A terra produz fruto por si mesma, primeiro o cálamo, depois a espiga, depois o trigo maduro na espiga. Quando, porém, o fruto está maduro, envia os segadores, pois chegou a colheita" (Mc 4,26-29).

O vinho e a vinha são símbolos da nova era no Oriente (Mc 2,22); A veste festiva é dada ao filho perdido (Lc 15); veste-se traje de núpcias (Mt 22,11); os velhos tempos já se foram (Mc 2,21).

O que é preciso fazer o ser humano frente ao reino de Deus? Estar de prontidão ou preparar-se! É tempo de decisão! "O machado está posto à raiz!" Como saber se já é o momento? Jesus é o *sinal do tempo.* Ele representa a exigência da decisão. A pergunta é: se alguém de fato deseja o reinado de Deus ou o mundo e seus bens; a decisão deve ser radical.

> "Ninguém que põe a mão no arado e olha para trás é digno do reinado de Deus (Lc 9,62)".

Vimos que a grande preocupação de Jesus era proporcionar o entendimento acerca do reinado de Deus que já se fazia presente. Além disso, exigia um profundo comprometimento com o reino. Note-se que a mensagem do reino de Deus proposta por Jesus não estava desvinculada da vida das pessoas, os temas utilizados por Jesus transpassam toda a realidade deles, aponta Zabatiero (2009):

> Jesus ensinava sobre o projeto de Deus para a sua criação, especialmente para a humanidade (parceira nesse projeto), em relação ao trabalho, à família, aos costumes religiosos, ao lazer, à relação com a natureza. Tratava de temas polêmicos, como a violência, o adultério, a política. Instruía a respeito dos problemas sociais e religiosos do povo judeu, oferecendo uma visão crítica da liderança judaica, do papel da Lei, da visão religiosa sobre os portadores de deficiência e das opiniões preconceituosas em relação aos estrangeiros, mulheres, crianças, adúlteros (p.71-72).

Em suma, a pedagogia proposta por Jesus é inovadora e transformadora. Sua preocupação não era o espaço, tampouco as técnicas, mas as pessoas que careciam de seu ensino. Jesus nos faz olhar para a principal necessidade de seu tempo, – que se apresenta como nossa também – o ensino acerca da atuação de Deus no mundo (reino de Deus), e o convite a participação desse projeto divino, de restauração e salvação de toda a humanidade. Seu ensino é inovador, transformador, mas é, também, integral. Jesus ensina toda a palavra de Deus para o homem todo. A seguir, veremos o eco do ensino de Jesus nas primeiras comunidades cristãs.

Questão para Reflexão

Pense sobre como Jesus se envolvia com a mensagem que ensinava, com as pessoas a quem ensinava e como ele ensinava.

CAPÍTULO 3

A educação cristã no período apostólico

A igreja cristã primitiva tinha duas tarefas essenciais, a saber, a pregação e o ensino:

Portanto *ide*, fazei discípulos de todas as nações, batizando-os em nome do Pai, e do Filho, e do Espírito Santo; *Ensinando-os* a guardar todas as coisas que eu vos tenho mandado; e eis que eu estou convosco todos os dias, até a consumação dos séculos. Amém (Mt 28:19,20).

O destaque do Evangelho de Mateus encontra-se na ordenança de Jesus a *ir*, bem como no verbo ensinar, que aparece no gerúndio (*Ensinando*). Ou seja, é ordenança de Jesus, e missão da Igreja pregar e ensinar as palavras de Jesus.

O livro de Atos dos Apóstolos, que se apresenta como segundo volume de uma obra proposta pelo Evangelista Lucas, revela a permanência de Jesus com os discípulos por quarenta dias, entre a ressurreição e a ascensão, lhes instruindo acerca do reino de Deus, que como apontado anteriormente, se constitui como o centro da mensagem e ensino de Jesus.

A igreja cristã primitiva seguia à risca o que foi ordenado por Jesus, aponta George (1993), pois,

> Pregava as Boas Novas do Reino, atendia às necessidades do povo, e também ensinava. À medida que a Igreja crescia em número, os novos convertidos recebiam instruções e "a doutrina dos apóstolos (2,42). A Igreja primitiva experimentou crescimento e edificação em todo sentido (2,47; 5,14;6,7; 9,31; 12,24; 19,20). Esta edificação visava a uma profundidade na fé, uma firmeza apesar das perseguições, uma ação social e um desenvolvimento da pessoa toda e da Igreja toda (p.65).

Ruy Afonso da Costa Nunes (1978) sublinha que os Apóstolos não fundaram escolas especializadas no ensino, mas exerceram o ofício nas "praças, nos lares, nos navios, e nas prisões, instruindo pessoas simples, recomendando aos filhos que obedecessem e honrassem aos pais; a estes, que educassem os filhos com seriedade e disciplina, segundo o Senhor (p.6). Esse ensino era contínuo, como atesta Atos dos Apóstolos:

> E todos os dias, no templo e nas casas, não cessavam de ensinar, e de anunciar a Jesus Cristo (At 5:42).

Outro aspecto importante do ensino na Igreja Primitiva era a presença constante do Espírito Santo em todas as ações da Igreja, principalmente no ensino. A Igreja cumpria sua missão enviando mestres por todas as igrejas para capacitarem os discípulos (as) de Jesus, como atesta George (1993):

> Quando Barnabé e Saulo (Paulo) foram mandados à nova Igreja em Antioquia, sua tarefa principal entre os discípulos era ensiná-los. Este foi o primeiro pastorado de Paulo. O grande Apóstolo se destacou como um mestre cristão (p.66).

O Apóstolo Paulo, em todo o seu ministério, se dedicou e se destacou no ensino da Palavra de Deus. Em Corinto, Paulo ficou por um ano e seis meses, "ensinando entre eles a palavra de Deus" (At 18,11). Mesmo diante de sua prisão em Roma, o Apóstolo Paulo não cessou de pregar e ensinar:

> E Paulo ficou dois anos inteiros na sua própria habitação que alugara, e recebia todos quantos vinham vê-lo; Pregando o reino de Deus, e ensinando com toda a liberdade as coisas pertencentes ao Senhor Jesus Cristo, sem impedimento algum (At 28:30,31).

A preocupação do Apóstolo com o ensino não se limitou às suas viagens missionárias. Ela se reflete na manutenção das mesmas comunidades fundadas por ele durante sua primeira estadia. A seguir, veremos a centralidade do ensino no processo de estabelecimento das comunidades cristãs estabelecidas e acompanhadas pelo Apóstolo, por intermédio de suas cartas.

3.1 O Ensino nas cartas paulinas

O Apóstolo Paulo insere a função de mestre entre os principais ofícios da Igreja. Em 1Co 12,28, ele reforça a diversificação dos oficio, destacando três como especiais:

> E a uns pôs Deus na igreja, primeiramente apóstolos, em segundo lugar profetas, em terceiro doutores, depois milagres, depois dons de curar, socorros, governos, variedades de línguas (1Co 12:28).

É importante reforçar que, o Apóstolo está lidando com uma discussão sobre a importância relativa de cada dom exercido na Igreja, e, portanto, destaca três grupos distintos: os apóstolos, os profetas, e os doutores (professores) (NUNES, 1978, p.6).

J.W. Bayley (1911) salienta que, a partir do texto de 1Co 12,28, fica evidente que,

> os professores compunham um grupo distinto associado a apóstolos e profetas e muito nitidamente distintos dos grupos promíscuos e variáveis que possuíam dons de menor importância. Romanos 12: 6, 7 foi escrito não muito tempo depois de 1 Coríntios, e embora menos explícito reflita uma situação semelhante. O dom de ensino é reconhecido como um carisma distinto, e os que o possuem são exortados à fidelidade em seu uso (p.52).

Outro texto, proposto por Bayley (1911), explicita a proeminência do ministério de ensino nas comunidades paulinas, a saber, Efésio 4,11:

> E ele mesmo deu uns para apóstolos, e outros para profetas, e outros para evangelistas, e outros para pastores e doutores, Querendo o aperfeiçoamento dos santos, para a obra do ministério, para edificação do corpo de Cristo; (Ef 4:11,12).

O modelo de educação cristã proposta pelo Apóstolo, tem Cristo como modelo:

> Até que todos cheguemos à unidade da fé, e ao conhecimento do Filho de Deus, a homem perfeito, à medida da estatura completa de Cristo, Para que não sejamos mais meninos inconstantes, levados em roda por todo o vento de doutrina, pelo engano dos homens que com astúcia enganam fraudulosamente. Antes, seguindo a verdade em amor, cresçamos em tudo naquele que é a cabeça, Cristo, Do qual todo o corpo, bem ajustado, e ligado pelo auxílio de todas as juntas, segundo a justa operação de cada parte, faz o aumento do corpo, para sua edificação em amor (Ef 4:11-16).

Apresenta-se, portanto, como uma educação para a formação cristã integral, como afirma George (2014):

> "Cresçamos em tudo". O que significa "em tudo"? No grego é ta panta, ou em todas as coisas, uma expressão cara em Efésios. Pode-se traduzir assim: "façamos crescer o todo". É um crescimento integral, holístico e completo sempre com equilíbrio. É um crescimento com dimensões individuais, coletivas e cósmicas. Somos seres comunitários. Pertencemos a uma comunidade cristã concreta na qual podemos viver uma experiência permanente de discipulado, de comunhão, de adoração, de oração, de missão. "Seguindo a verdade em amor." Há dois componentes essenciais no ensino: a verdade – o conteúdo, o racional, o objetivo – e o amor – o afetivo, o relacional, o subjetivo. Não há verdadeiro ensino

se falta um dos elementos. (p.5-6).

Edificação do corpo de Cristo, aponta Zabatiero (2009), é o crescimento de seus membros apontando para a maturidade cristã. Ele aponta, assim, quatro características da maturidade de uma igreja, a partir de Efésios 4,11-14:

* É uma Igreja em que os ministros (ordenados e não ordenados) realizam seu trabalho para o bem de todos (v.11,12a);

* É uma Igreja em que os membros são aperfeiçoados para realizar seus próprios ministérios. Em outras palavras, é uma igreja em que todos trabalham para o Senhor, conforme os dons que dele receberam (v.12);

* É uma igreja que está chegando à unidade da fé e do pleno conhecimento do Filho de Deus, crescendo no conhecimento teológico e na vivencia da fé em Deus. Trata-se de uma *comunidade:* igreja unida e companheira, em que todos – conforme a capacidade e possibilidade – deixam de ser meninos e meninas na fé e se tornam adultos no conhecimento (v.13-14)

* É uma Igreja que reflete o ser de Cristo em sua vida diária. É, portanto, uma comunidade que possui as marcas da vida de Jesus Cristo: amor, misericórdia, justiça, submissão ao Pai, encarnação no mundo, trabalho [...].

Aos seus companheiros de trabalho missionário e pastoral, o Apóstolo Paulo enfatiza a necessidade de escolher pessoas para o ministério que sejam aptos para o ensino, como aponta George (1993):

> No tempo de Timóteo, como hoje, uma das qualificações dos oficiais da Igreja é que saiba ensinar. E, além de ensinar era importante treinar a liderança: "E o que de minha parte ouviste...isto mesmo transmite a homens fiéis e também idôneos para instruir a outros (2Tm 2,2). Ao jovem ministro Paulo exorta: "...ensina estas coisas...aplica-te à leitura, à exortação, ao ensino" (1Tm 4,11-13). O mestre destaca a suprema importância do estudo, do ensino, da "boa doutrina" e das escrituras, pois "Toda Escritura é inspirada por Deus para o ensino, para a repreensão, para a correção, para a educação na justiça" (2Tm 3,16) (p.69).

Vejamos, a seguir, como a proposta de educação e ensino proposta por Paulo foi preservada e aperfeiçoada no período da Patrística.

3.2 O Ensino nos Pais da Igreja

As epístolas conhecidas como pastorais ou universais revelam que os apóstolos não enfrentavam apenas a dificuldade de ensinar os fiéis, mas tinham que lidar com as falsas doutrinas/heresias que se infiltravam cada vez mais nas igrejas (LOPES, 2010, p.68).

Na primeira epístola de João há uma identificação direta dos problemas que originam a carta. Ela é endereçada a uma igreja em que se manifestaram falsos profetas (4,1), que causaram uma cisão na mesma (2,19):

> "Amados, não deis crédito a qualquer espírito; antes, provai os espíritos se procedem de Deus, porque muitos falsos profetas (**çyeudoprofh/tai**) têm saído pelo mundo a fora." (4,1).
> "Eles saíram de nosso meio; entretanto, não eram dos nossos; porque, se tivessem sido dos nossos, teriam permanecido conosco; todavia, eles se foram para que ficasse manifesto que nenhum deles é dos nossos." (2,19).

A reivindicação de tais "falsos profetas" era uma iluminação especial. Por intermédio desse conhecimento especial tais hereges declaravam ter alcançado estado superior em relação aos demais cristãos, alegando não possuírem mais pecado, pois haviam alcançado a perfeição moral (LADD, 2003).

Tomamos conhecimento pela literatura patrística, que uma forma antiga do gnosticismo era o docetismo. Os docetas gnósticos se atinham ao típico contraste grego entre o espírito e a matéria, e pensavam que, visto que a matéria era *ipso facto* má, Deus não poderia ter entrado em contato direto com o mundo material ou fenomenal em Cristo. Logo, ou negavam a encarnação em termos gerais ou ensinavam que o corpo de Cristo era apenas uma aparência (dokeo), e não era real.

A negação de que Cristo veio em carne e também uma negação de que Jesus e o Filho de Deus (4:15; 5:5). A razão para essa negação, novamente, e que Deus pertence ao reino da luz, e não poderia, por definição, habitar entre os seres humanos. Logo, Cristo não seria o Filho de Deus, no sentido do entendimento cristão desse termo.

João responde às heresias enfatizando a ortodoxia cristã. O significado das palavras de João não pertence à experiência, mas à conduta cristã, particularmente para a manifestação do amor. "Aquele que diz que está nele também deve andar como ele andou" (2:6). "Aquele que ama a seu irmão está na luz" (2:10). "Qualquer que permanece nele não peca" (3:6). "Quem não ama a seu irmão permanece na morte" (3:14). "Aquele que guarda os seus mandamentos nele esta, e ele nele" (3:24). Estar em Cristo significa estar vivendo uma vida de amor, em comunhão ininterrupta com os irmãos cristãos. Estar ou permanecer, portanto, significa obediência a lei do amor (MARSHALL, p.469.)

Sobre esse período difícil da igreja, Lopes (2010) ressalta o papel dos apóstolos e, subsequentemente, dos pais da Igreja:

> Eles eram fiéis ao ensinamento bíblico e por causa dessa compreensão é que escreveram para ensinar aqueles crentes quanto à salvação em Cristo, para lhes fortalecer a esperança na volta do Senhor, para inculcar na "membresia" a obediência aos pastores e, nas autoridades eclesiásticas, cautela contra heresias e cismas da Igreja (p.68).

Os sucessores dos apóstolos, conhecidos como Pais da Igreja, – padres, na versão latina – iniciaram o processo semelhante aos Apóstolos escrevendo a principal literatura, juntamente com o Novo Testamento, que fundamentava e organizava a fé dos cristãos no segundo século da Era Cristã (NUNES,1978). Dentre eles estão: Inácio de Antioquia; Clemente de Roma; Policarpo de Esmirna.

Outros foram nomeados como Pais Apologistas, pois nas épocas de perseguições e grandes discussões teológicas, levantaram sua voz em defesa da fé. Dentre eles: Justino, o mártir; Tertuliano; Irineu; Cipriano; Clemente de Alexandria; Orígenes; Atanásio, entre outros (LOPES, 2010; NUNES, 1978).

A principal preocupação dos Pais da Igreja era, sem dúvida, combater as principais heresias que surgiam no seio do cristianismo primitivo, que ameaçavam a base da fé, a saber, o ensino das Escrituras e dos apóstolos. Nunes (1978) enumera os principais movimentos considerados hereges pelos Pais da Igreja, e, consequentemente, foram alvos de suas apologias (p.6-10):

I. Donatismo – surgiu no começo do século IV no reinado de Constantino e espalhou-se pelo norte da África. Ensinava que a eficácia dos sacramentos dependia do estado de graça do ministro. O seu principal chefe foi Donato, o Grande, bispo de Cartago.

II. O Monarquismo - negava a distinção real entre pessoas da Santíssima Trindade, ensinando que só há uma pessoa, o Pai, que age de três modos. Essa heresia chamou-se de Modalismo, Sabelianismo e Patripassianismo.

III. O Arianismo – Foi uma das piores heresias que já afetaram a Igreja. Ário, oriundo da Líbia, quando estava no Egito ensinou a distinção entre o Pai e o Filho, afirmando que o Filho, criado do nada no tempo, era pura criatura, mais excelente que as outras, mas diferente do Pai por Natureza, pois não é Deus. Consequentemente, Ário negou a divindade de Cristo. Ele conseguiu adeptos na Palestina e na Nicomédia, e sua heresia espalhou-se por todo o Ocidente, e foi condenada em 321 no Sínodo de Alexandria e no Primeiro Concilio de Niceia, em 325, cujo grande campeão foi Atanásio.

IV. O Macedonianismo – Tomou o nome de Macedônio, que negou a divindade do Espírito Santo, dizendo que Ele é pura criatura, superior aos anjos e ministro especial de Deus. Ele foi condenado no I concílio de Constantinopla, o segundo concílio ecumênico, em 381, convocado por Teodósio e pelo Papa São Dâmaso.

V. O Nestorianismo – Foi uma heresia defendida em Antioquia por Deodoro de Tarso, Teodoro de Mopsuéstia e por Nestório, patriarca de Constantinopla. Este, o seu principal representante, ensinou que a natureza humana e a natureza divina de Cristo eram tão completas que formavam duas pessoas, a divina e a humana, unidas de modo acidental. O Nestorianismo foi condenado no III concílio ecumênico, em Éfeso, em 431.

VI. O Monotelismo – Ensinado por Sérgio, patriarca de Constantinopla, ensinava que só havia em Cristo uma energia e uma vontade física. Essa heresia foi condenada pelo Sínodo de Latrão, em 649.

Contudo, afirma Lopes (2010), mesmo diante de tal esforço, os Pais da Igreja não abandonaram a educação cristã, estabelecida pelo Apóstolo Paulo e pelos demais Apóstolos, tendo a família como base para a comunhão, e a Igreja como hospedeira do ensino divino (p.69).

Henri Marrou (1973), comunga com a ideia de Lopes (2010), ao afirmar que uma das principais preocupações do Cristianismo primitivo, encontrada nas Cartas do Apóstolo Paulo, e também nos escritos dos Pais da Igreja, é a ideia de educação cristã como preocupação em aconselhar os pais sobre a maneira de educar seus filhos (p.479).

Ele cita como exemplo o tratado teológico de João Crisóstomo, "sobre a maneira pela qual os pais devem educar seus filhos", mas ressalta que esse é apenas o primeiro passo, importantíssimo, diga-se de passagem, mas "o essencial da educação religiosa é representado pela iniciação doutrinal que o neófito recebe da Igreja antes de ser batizado" (p.480).

Havia, portanto, a responsabilidade da família em educar os filhos na fé, bem como um ensino formalizado na igreja, cuja finalidade era formar e informar esse neófito na fé. Marrou (1973) descreve o processo estabelecido pela igreja primitiva para o ensino dos catecúmenos:

> A Igreja como tal, por intermedio de um delegado especialmente nomeado para isto, é que instruía o catecúmeno: desde as primeiras gerações cristãs, vemos em função os "mestres", didaskaloi, encarregados deste ensino e investidos para seu desempenho de um carisma proprio. A instituição do catecúmeno desenvolve-se progressivamente, à medida que se multiplicam os novos convertidos: tomou sua forma definitiva em Roma por volta de 180; exige entao uma longa prova, cuja duração está fixada em tres anos, durante os quais é ministrado um ensino cuidadosamente programado (p.481).

A maioria dos Pais da Igreja se dedicou à sistematização das doutrinas, bem como nos procedimentos que os catecúmenos precisavam observar para serem inseridos na membresia cristã: João Crisóstomo; Cirilo de Jerusalém; Justino o mártir; Hipólito, etc. Mas, a contribuição que mais se destaca é a de Agostinho de Hipona (Santo Agostinho).

3.3 O Ensino em Agostinho

Agostinho nasceu em 354 em Tagaste, na Numídia. Estudou em sua terra natal e em Madaura. Viveu em Cartago, onde dedicou-se ao ensino entre os anos 375 e 383. Estabeleceu-se em Roma em 383, mas em 384 foi indicado para a cátedra oficial de retórica em Milão.

Em uma de suas principais obras, "Confissões", Agostinho narra sua conversão ao cristianismo, aos 32 anos. Após uma vida de docente de Retórica em Milão e Cartago, retorna para Tagaste, com o intuito de viver uma vida monástica, mas é nomeado bispo de Hipona, cuja função exerceu até sua morte, em 430 (PILETTI, 2012, p.44). A influência das obras de Agostinho alcança a idade média, tendo registros em meados do século XIII.

Segundo Piletti (2012), com Agostinho, a patrística passou por uma imensa mudança. Agostinho tinha como ponto de partida para sua pedagogia o ser humano, e este em sua situação de conflito e inquietude. Assim, a disciplina cristã contribui para o alcance dessa dádiva, ou seja, ao desfrutar Deus, o cristão, portanto, aprende a lidar com sua condição (p.45).

Na sua obra, atesta Nunes (1978), destaca-se aquelas destinadas aos catecúmenos, como por exemplo, *De Fide et operibus*, cuja finalidade é mediante instruções sobre a fé e a reforma dos costumes, ser um preparatório para o batismo (p.53). Da mesma forma, Agostinho exortava e ensinava por meios de seus sermões. Contudo, sua principal obra sobre o assunto é um manual para auxílio dos mestres que estavam com dificuldades para instruir os candidatos ao batismo, e aspirantes ao Cristianismo. A obra *De catechizandis rudibus,* que pode ser traduzido por: Como catequizar aqueles que iniciam o catecumenato[1], aponta Nunes (1978, p.55).

Vimos, assim, o estabelecimento do ensino a partir do ensino Apostólico e dos Pais da Igreja. A seguir, abordaremos o ensino cristão na Idade Média e seu desenvolvimento no mundo moderno e contemporâneo.

Questão para Reflexão

Reflita sobre os principais desafios enfrentados pelos Apóstolos e Pais da Igreja quanto à tarefa do ensino.

1 Catecumenato deriva do termo grego *catêchein*, que significa instruir de viva voz, oralmente. Designou a instituição educacional desenvolvida pela Igreja nos primeiros séculos da nossa era (NUNES, 1978, p.57).

CAPÍTULO 4

A Educação cristã: do período medieval ao da Reforma

4.1 O Ensino na era medieval

George (1993) vê esse período como um "esfriamento" do entusiasmo educacional na igreja. Com o advento da institucionalização da Igreja, em meados do quarto século, houve batismo em massa, ou seja, um grande número de pessoas foi iniciado no cristianismo sem preparo algum, haja vista que o Cristianismo se tornara religião do império. Além disso, o método de escolha e determinação dos cargos eclesiásticos eram escolhidos pela coorte, bem como as cerimônias seguiam seus costumes (p.74).

O cenário era desastroso e se instaurou devido à falta de instrução aos mestres, identificados por George (1993) como os padres e sacerdotes, que não recebiam, nem davam instruções às massas que seriam batizadas:

> Parecia que a Igreja havia crescido muito, mas, na realidade, o crescimento era mais uma participação nominal. Durante a era medieval, havia grandes dificuldades e até negligencia do ensino. Em consequência, alastrou-se a ignorância e surgiram muitas práticas erradas, e até sincretismos. Desde a Antiguidade e durante a Idade Média, o ofício docente na

> Igreja Católica Romana era conhecido como o *magisterium*. O título *magister* era concedido primeiramente aos líderes, e, mais tarde, especificamente aos docentes e, finalmente, à hierarquia da Igreja. O ensino muito cedo veio a ter uma centralização na autoridade do bispo, e, de maneira especial, do bispo de Roma. Esta centralização permitiu influencias políticas e afastou o ensino dos leigos. A Autoridade papal retinha infalibilidade no ensino. Os Colégios de Bispos, ou Concílios, também tinham certa autoridade no ensino e estabeleceram importantes doutrinas cristãs sobre a trindade e a pessoa de Cristo (p.75).

Entretanto, diante catastrófica aproximação entre Igreja e Estado, George (1993) sublinha a existência de espaços onde havia certa autonomia e menos influência hierárquica no ensino: nas Universidades e nas Escolas Monásticas (p.75).

As escolas monásticas surgiram por um processo espontâneo, afirma Nunes (1979). Elas eram procuradas pelos homens com o intuito de se consagrarem a Deus, em imitação a Cristo. Os adeptos levavam uma vida de constante oração e trabalho, o que incluía meditação e trato com os livros.

Havia uma preocupação com o ensino e com a preservação de manuscritos, em especial das Escrituras. Os monges eram os mestres, pois sabiam ler e possuíam instrução. Os demais, chamados de *rudis*, recebiam instrução o suficiente para o cumprimento da vida monástica. Os mosteiros recebiam alunos enviados pelos pais, aponta Nunes (1979):

> Acresce que os mosteiros, como os da Ordem Beneditina desde a sua origem, recebiam os *pueri oblati,* os meninos que lhes eram ofertados pelos pais para se consagrarem a Deus na vida monástica. Daí as escolas *internas* ou *interiores*, dentro do mosteiro, para a instrução dos postulantes, os candidatos à vida monástica, e dos oblatos. À medida, entretanto, que meninos e adolescentes eram confiados aos mosteiros só para receberem instrução, pois não tinham a intenção de ser monges nem os pais o pretendiam, eles passavam a frequentar também as escolas internas como pensionistas ou para eles, em muitas regiões, existia um edifício especial ou uma ala do mosteiro, a *schola exterior*, fora do perímetro da clausura, para que o bulício escolar não perturbasse o

silêncio monástico e a paz dos religiosos (p.110).

As regras para o estudo estavam baseadas na orientação dada por Agostinho em sua obra, *De Doctrina Christiana,* que tinha como base as Sagradas Escrituras, e incentivava um intenso modo de leitura e à meditação da mesma. Não havia diálogo com a dialética e com a Filosofia, apenas com a retórica e gramática, como auxílio para o alcance interpretativo e místico das Escrituras.

4.2 Ensino na Era da Reforma Protestante

Lutero nasceu em 10 de novembro de 1483, em Eisleben, na Alemanha; seu pai era camponês e minerador de cobre, que queria que o seu filho fizesse a Faculdade de Direito. Não existe quase nenhuma informação sobre os primeiros 18 anos que guiaram Lutero à Universidade de Erfurt. Lutero obedeceu ao desejo de seu pai e, aos dezoito anos, ingressou na Universidade de Erfurt para estudar Direito.

Em 1502, ele recebeu o seu grau de bacharel em artes e, em 1505, o de mestre em artes. No dia 2 de julho de 1505, aconteceu uma experiência com Lutero. A caminho de casa, vindo da Universidade Erfurt, no qual foi atingido num temporal e derrubado no chão por um relâmpago. Tomado pelo medo, fez uma promessa a uma santa, que se ela o livrasse ele se tornaria um monge. Duas semanas mais tarde, Lutero honrou o seu voto.

Lutero entrou no mosteiro em 1505, foi ordenado em 1507, em 1508 foi a Wittenberg; em 1509, a Erfurt e, em 1511, foi convidado para ensinar na Universidade de Wittenberg, cidade em que residiu daí por diante. A conversão de Lutero se deu quando começou ensinar disciplinas relacionadas às Escrituras. Em 1515 iniciou a lecionar sobre carta de Paulo aos Romanos, onde a sua alma foi consumida pelas palavras de Paulo. Atrelado a essa experiência particular, outro acontecimento contribuiu para a realização da Reforma Protestante: A venda de Indulgências.

Para George (1993), ao questionar a autoridade papal, bem como a legitimidade dos Concílios, como responsáveis pela promulgação de artigos que contradiziam os ensinamentos da Bíblia, Lutero revela sua preocupação com a ausência de preparo, bem como do relaxamento dos clérigos em ensinar o povo leigo. Surge, portanto, a prioridade das Escrituras, *sola scriptura,* como fundamento da Reforma. E continua,

> Um grande desejo de Lutero era que cada cristão tivesse a Bíblia na sua própria língua. Daí outro passo no programa de Educação na Reforma foi a tradução da Bíblia para o Alemão. Com essa tradução, a Bíblia foi redescoberta pelo povo como foi por Lutero nos seus estudos como professor (p.77).

Outra contribuição importante de Lutero para o ensino cristão foi a preparação de seus dois catecismos, um para as crianças, em 1528, e o outro para adultos, em 1529. A partir da metodologia da escolástica, aponta George (1993), Lutero desenvolveu seus catecismos, por meio de perguntas e respostas que orientavam as crianças acerca da fé cristã, e o povo no estudo da Bíblia. Para ele, a grande diferença "entre a Era Medieval e a Era dos Reformadores era que o povo agora ouvia e estudava a Bíblia" (p.78).

Piletti (2012) reforça a importância da atuação de Lutero para o seu tempo, mas aponta que a revolução do sistema de ensino público proposto por ele serviu de exemplo para a nossa escola atual (p.62). Além de condenar a educação oferecida pelas escolas monásticas e eclesiásticas, Lutero propunha uma participação assídua dos pais no processo educacional dos filhos.

Quanto ao currículo, aponta Piletti (2012), havia uma preocupação quanto ao aspecto linguístico (Grego, Latim, Hebraico), mas incluía, também, "Lógica, as Matemáticas, a Ciência, a Gramática e a Música", tendo a Música como sendo obrigatória a todos (p.62). Ele insistia,

> Que o ensino deveria chegar a todo povo, nobre e plebeu, rico e pobre. E contrariando o que se pensava e fazia na época, ele deveria beneficiar tanto os meninos quanto as meninas. Caberia ao Estado, finalmente, decretar a frequência obrigatória à escola (p.63).

As ideias educacionais de Lutero foram aperfeiçoadas pelos seus continuadores, dentre ele Felipe Melanchthon (1479-1560) e João Calvino (1509-1564). Melanchton "foi para a Alemanha na Reforma Educacional, o que Lutero foi na Reforma Religiosa" (PILETTI, 2012, p.63). Na Universidade de Wittenberg, onde trabalho por cerca de 42 anos, Ele transformou a Universidade em modelos para as demais.

Diversos alunos vinham de todas as partes da Alemanha para estudarem e Wittenberg, bem como professores que saíam da Universidade levavam as ideias de Melanchthon por toda parte do país. O seu prestígio era imenso, aponta Piletti (2012), que quando um príncipe precisava de um professor ou um reitor para sua universidade, consultava Melanchthon, que logo indicava um de seus alunos para o cargo (p.64). Ele escreveu diversos livros didáticos e livros: Gramáticas (Grega e Latina), sobre Dialética, Retórica, Ética, Física e História.

João Calvino contribuiu para a educação cristã a partir de seu objetivo de auxiliar os cristãos na compreensão e das Escrituras e da doutrina Bíblica. Em suas *Institutas da Religião Cristã*, título dado ao seu manual, desenvolveu seu resumo da fé cristã, do ponto de vista protestante. Seu sucesso foi imenso, haja vista que, aponta George (1993), sua primeira edição saiu em 1536 com 516 páginas, mas,

> Foi constantemente revisado e aumentado até sair em 1559, uma obra monumental, a sistematização da teologia protestante em quatro livros e oitenta capítulos. Houve constante desenvolvimento no pensamento do Reformador e mudanças de ênfases e estrutura nesse processo de revisões, marca de um bom educador, e o desenvolvimento de uma teologia verdadeiramente reformada e reformando-se (p.78-79).

Assim como Lutero e Melanchthon, Calvino se preocupou com o ensino público, percebendo a dificuldade e a falta de instituições e estruturas educacionais para o público em geral, bem como para a Igreja. Com esse intuito, aponta George (1993), fundou a Academia de Genebra, que reunia os princípios calvinistas e a educação humanística (p.80).

Questão para Reflexão

Reflita sobre o papel dos Reformadores como pioneiros e organizadores do ensino público gratuito para todos. Pense, também, como isso pode contribuir para enriquecermos nossa concepção a respeito do papel do cristão em relação à concretização do direito à educação de qualidade para todos os cidadãos.

CAPÍTULO 5

O ensino na Era Moderna: O nascimento da Escola Dominical

Este período tem como movimento marcante o surgimento da Escola Dominical. Em 1780, na cidade de Gloucester, Inglaterra, um jornalista e homem de negócios chamado Robert Raikes, iniciou um movimento dentro da Igreja Cristã.

5.1 A Escola Dominical na Inglaterra

Motivado por diversos fatores estruturais e sociais observados em sua cidade, Raikes decidiu agir. Segundo Andrade (2002), em Gloucester,

> A delinquência infantil era um problema que parecia insolúvel. Aqueles menores roubavam, viciavam-se e eram viciados; achavam-se sempre envolvidos nos piores delitos. Tudo isso era consequência da Revolução Industrial que, se por um lado, levou o desemprego a milhares de artesãos, por outro, forçou o ingresso de muitas donas-de-casa no mercado de trabalho; privando-as, parcial ou totalmente, de seu encargo como educadoras dos filhos (p.28-29).

Usando a Bíblia como texto base de alfabetização dos jovens

delinquentes, Raikes oferecia também matérias como matemática, história e Língua Inglesa (ANDRADE, 2002, p.29). Raikes enfrentou oposição, como aponta Gilberto (1998, p.133):

> As igrejas da época encararam o surgimento da Escola Dominical como uma inovação e coisa desnecessária. Os mais zelosos(?) acusavam Raikes de "profanador do domingo" (Anders). Diziam os seus oponentes que reuniões de crianças mal comportadas, no templo, era uma profanação. Raikes não tomava conhecimento disso e a obra tomava vulto. O jornal do qual ele era redator foi uma coluna forte na defesa e apoio da novel instituição, publicando extensa série de artigos sob o título A Escola Dominical, reproduzidos nos jornais londrinos.

Mesmo diante de dificuldades e oposição, em 1788, a Escola Dominical já contava com 250 mil alunos matriculados (GEORGE, 1993, p.81).

Raikes já trabalhava entre os detentos da prisão da cidade sabia a situação precária e difícil daqueles homens, teve compaixão das crianças e decidiu fazer algo a seu favor, a fim de que mais tarde não desfrutassem do mesmo fim que aqueles detentos. Aponta Gilberto (1998, p.133),

> De acordo com as diretrizes de Raikes, nas reuniões dominicais, além do ensino das Escrituras, era também ministrado as crianças rudimentos de linguagem, aritmética e instrução moral e cívica. O ensino das Escrituras consistia quase sempre de leitura e recitação. Em seguida, teve início a pratica de comentar os versículos lidos. Muito depois é que surgiu a revista da Escola Dominical, com lições seguidas e apropriadas.

Seu movimento ganhou força por toda a Inglaterra, sendo reconhecido e elogiado pela Rainha. Sua influência foi tamanha que, aponta George (1993),

> A Escola Dominical, que começou para educar e alfabetizar meninos de rua, cumpriu seu papel histórico quando o Parlamento da Inglaterra libertou as crianças das fábricas e tornou a educação gratuita para todos (p.81).

Em 20/07/1780 fundou a primeira Escola Dominical em Gloucester. Mal sabia ele que estava fundando uma obra espiritual que atingiria a vida de milhares de pessoas no mundo inteiro, chegando até nós. Entre os fatos históricos importantes sobre a Escola Dominical, Gilberto (1998, p.134) sublinha que,

> Nessa fase experimental (1780-1783), Raikes fundou 7 Escolas Dominicais somente em Gloucester, tendo cada uma 30 alunos em média. Os abençoados frutos do trabalho logo surgiram entre as crianças, refletindo isso profundamente nos próprios pais. Estava dando certo a experiência com a Palavra de Deus! O que pode fazer a fé em Deus e o amor a Ele e ao próximo! *Foi no dia 3 de novembro de 1783 em que Raikes triunfalmente publicou em seu jornal a transformação ocorrida na vida de suas crianças.* Até hoje, 3-11-1783 é considerado como o dia natalício da Escola Dominical. Os benditos e abundantes resultados causaram tal impacto no modo de vida da sociedade, que um ano após (1784), Raikes era o homem mais popular da Inglaterra. No ano seguinte (1785) ele organizou a primeira União de Escolas Dominicais, em Gloucester.

Depois de seu sucesso exponencial, as Igrejas da Inglaterra passaram a apoiar o trabalho de Raikes, e as Escolas Dominicais passaram das casas para os templos que ficaram repletos de crianças a cada domingo. Durante algum tempo a Escola Dominical era frequentada apenas pelas crianças, os adultos vieram muito tempo depois.

5.2 A Escola Dominical no Brasil

Quase um século depois de seu surgimento, a Escola Dominical chegou ao Brasil, por intermédio de dois missionários escoceses, Robert e Sara Kalley em 19 de agosto de 1855, na cidade imperial de Petrópolis (ANDRADE, 2002, p.30). No Brasil, a Escola Dominical floresceu mantendo seus padrões de origem, a ponto de dominar, em seus primeiros anos, o desenvolvimento da Educação Cristã. Segundo

Gilberto (1998, p.135):

> Na primeira reunião da Escola Dominical no Brasil, que teve lugar em Petrópolis, Estado do Rio de Janeiro, na data acima, a frequência foi de cinco crianças. Essa mesma Escola Dominical deu origem a Igreja Congregacional no Brasil. Desde então, o crescimento da Escola Dominical no Brasil tem sido maravilhoso.

Desde então, a Escola Dominical vem crescendo e está presente em praticamente todas as denominações evangélicas protestantes e pentecostais.

5.3 O Ensino na Era Contemporânea

A Educação cristã contemporânea tem, como espaço primordial para o desenvolvimento da fé, a Escola Dominical. Contudo, sugere George (1993), precisamos perguntar:

> A Escola Dominical ainda usufrui da relevância que possuía décadas atrás? Com o decorrer dos anos, a Escola Dominical e o ministério de educacional tronaram-se um departamento a mais na Igreja? Perderam sua finalidade útil e o seu sentido de ser por estarem sendo renegados à condição de um simples ministério complementar. Qual é a relação entre o ensino e a vida da Igreja? A Escola Dominical precisaria estar mais integrada às atividades da Igreja. Deve estar comprometida com a problemática do dia-a-dia. Deve ser dinâmica ao ponto de desafiar, convocar para um viver cristão e não tão somente à prática da religião (p.82).

É evidente que temos experimentado um desencantamento pela Escola Dominical, bem como pelos espaços e cultos de ensinamento nas Igrejas. Nossa tarefa é, sobretudo, tentar identificar as razoes para esse problema que atinge a Educação cristã contemporânea. Quais fatores contribuem para isso, Currículo? Métodos? Estrutura?

É importante lembrarmos que, ainda que de forma embrionária, esse debate já se iniciou na década de 1980, e continua ganhando força nos debates teológicos acerca da dinâmica do ensino cristão contemporâneo. George (1993, p.83-84) aponta três caminhos para tentarmos mudar essa situação:

1). A conscientização da importância do Ensino;
2). Evitar a ausência do Ensino e;
3). ropor a Recuperação do Ensino.

As diversas obras abordadas nessa unidade, se apresentam como subsídios para a perseguição do ideal de ensino cristão proposto por Deus, cultivados, multiplicados e preservados por seus fiéis representantes. Que sirvam de base para a busca de recursos, sejam eles didáticos, pedagógicos, programáticos e teológicos, para o cumprimento e reencantamento da educação cristã em nosso tempo.

Questão para Reflexão

Reflita sobre como a Escola Dominical nasceu e se estabeleceu, pensando, não só nas necessidades espirituais das crianças de Gloucester, mas em todas as dimensões ligadas à vida delas, e como isso pode inspirar o agir das Escolas Dominicais hoje.

EDUCAÇÃO E IGREJA: A RELAÇÃO ENTRE EDUCAÇÃO CRISTÃ E A ESCOLA DOMINICAL

Educação e Igreja são indissociáveis. A Igreja nasce sob a ordem do Jesus ressuscitado que ordena que seus discípulos evangelizem e ensinem a todos os novos discípulos dele sobre tudo que devem crer, guardar e praticar. Assim, nessa unidade buscaremos demonstrar as bases para essa relação, bem como a função da Escola Dominical dentro dessa dinâmica entre educação e a Igreja.

Esta Unidade está dividida em cinco capítulos. No primeiro capítulo, estudaremos a relação entre educação e a Igreja. No segundo capítulo, discutiremos acerca do ensino e os desafios da globaliazação. No terceiro capítulo, aprenderemos sobre a Escola Dominical e seu papel de principal agência ensinadora da Igreja. No quarto capítulo, os desafios que a Escola Dominical enfrenta hoje. E, por fim, no quinto capítulo, falaremos sobre a expansão da Escola Dominical.

CAPÍTULO 1

Educação e Igreja

Antes de traçarmos a intersecção entre educação e Igreja é imprescindível a plena compreensão do termo "Educação". A palavra "Educação" procede do vocábulo latino *educatione*, que significa, etimologicamente, *extrair*. Em termos pedagógicos, educação tem sido definida como:

> um conceito genérico, mais amplo, que supõe o desenvolvimento integral do ser humano, quer seja sua capacidade física, intelectual e moral, visando não só a formação de habilidades, mas também do caráter e personalidade social (ARANHA, 1989, p.49).

A definição de Maria Lucia de Arruda Aranha expressa os objetivos principais no processo educacional, a saber, a formação integral do ser humano, e a transmissão de aspectos e valores que possibilitam a formação de um caráter que possibilita o aluno a viver de forma plena em sociedade. Como sugere Valdeci da Silva Santos (2008, p.158), essa definição considera o educador não,

> Apenas como um transmissor de conceitos, mas como um contribuinte na formação e no desenvolvimento do

> caráter de seus alunos. O compromisso da educação com a vida extra-escolar é evidente e a expressão cultural, de certa forma, reflete a educação aplicada a um determinado contexto social.

Antonio Gilberto (2002, p.14), quando busca definir o termo "Educação", afirma que:

> Em termos pedagógicos, educar pressupõe o desenvolvimento pleno das faculdades físicas, intelectuais, morais e espirituais do ser humano, implicando mudanças de comportamento no educando em virtude da educação recebida.

Embora tenhamos uma base sólida e comum para entendermos o que define o conceito de Educação, encontramos diversas abordagens sobre o conceito, que pode variar de pedagogo para pedagogo. O que se mostra comum a todas as definições é a aparência utilitária da educação, ou seja, limitam a definir educação como um instrumento cuja única meta é tornar o ser humano um membro produtivo à sociedade" (GILBERTO, 2002, p.15).

Entretanto, precisamos perguntar: Seria este, porém, o alvo principal da Educação? O destino do homem seria aprender algo que lhe seja útil para alguma utilidade coletiva e ligada ao Estado totalitário? A resposta é não. Educação não pode se limitar a formação técnica e utilitária, mas tem um caráter de formação e crescimento integral do ser humano.

1.1 Educação cristã

Nesse sentido, podemos incluir entre as diversas abordagens educacionais a educação cristã, como uma forma particular de educar. A educação cristã, entretanto, não despreza os objetivos nobres e integrais de formação encontrados na definição secular de educação, como aponta Santos (2008, p.158):

> Em termos gerais, a educação cristã não rejeita os alvos comumente defendidos pela perspectiva secular sobre educação. Ela aceita aqueles valores que refletem a nobreza da atividade educacional e acrescenta a eles uma perspectiva mais holística do ser humano e do universo ao seu redor,

> pois busca interpretá-los à luz dos princípios do Criador, revelados nas Escrituras Sagradas. Neste sentido, a educação cristã parece combinar com as dimensões descritivas da educação secular e com as dimensões normativas fundamentais a uma cosmovisão cristã. O caráter distinto da educação cristã é que, em seu espectro, ela se compromete com a realização dos objetivos educacionais por meio de um currículo que integra as variadas áreas do conhecimento com a epistemologia bíblica e dispensa uma atenção integral ao ser humano sempre partindo de uma cosmovisão bíblica.

É importante ressaltar que existem diversas abordagens da educação no mundo atual, fato que demonstra tanto a centralidade da educação na formação do ser humano, como a necessidade de delinearmos uma abordagem que esteja de acordo com a visão de mundo cristã.

Como sugerido anteriormente, a educação cristã tem como aspecto principal "nutrir" e extrair das crianças (e das demais faixas etárias também) todas as possiblidades que se relacionam com o conhecimento. Esse processo vai muito além do que a transmissão de conteúdos programáticos, mas "inclui experiências significativas, valores e interpretações, os quais ocorrerão ao longo de toda a vida, e cuja finalidade é a tentativa de humanizar o homem, a começar dele mesmo, nas suas relações com a natureza e seus semelhantes" (LOPES, 2010, p.109).

Fica evidente que o foco da visão cristã da educação é o ser humano, contudo, o que a diferencia do conceito secular de educação é o fato de que o ser humano é moldado a partir da verdade quc procede de Deus, e não centralizando no ser humano o sentido último da educação, a finalidade e a sua promoção excluindo Deus de tudo que envolve a existência humana.

Sobre isso, aponta Lopes (2010, p.110) que,

> é salutar entender que a educação cristã não está restrita ao conhecimento bíblico dominical de determinada comunidade, mas ela possui a importante tarefa de mostrar que o conhecimento real ou verdadeiro procede de Deus e tem sua causa última nele; com isso, explicita que essa é a educação que permite ao homem de fato conhecer Deus, a si mesmo e ao mundo, o que resulta na glorificação a Deus. É óbvio que somente a abordagem cristã da educação terá

condições de cumprir essa finalidade.

Assim, no longo processo educacional cristão o ser humano é uma das "peças" fundamentais. Entretanto, além de seguir o padrão da educação secular, ou seja, o processo de "humanização do homem", a educação cristã tem como propósito final moldar o ser humano à imagem e semelhança do Criador, ensinando-lhe o caminho para que glorifique e sirva o nome de Deus, o que resultará num caminho de encontro com o Criador e respectivamente com a felicidade.

A educação cristã abrange a pessoa em sua totalidade: cognitiva, afetiva, espiritual e comportamental, mas não apenas com a finalidade de desenvolver habilidades e competências ou, até mesmo, promover o conhecimento intelectual acerca do texto bíblico, mas promover a comunhão com Deus, desenvolvimento da fé e da conformação da pessoa com o caráter e a mente de Cristo.

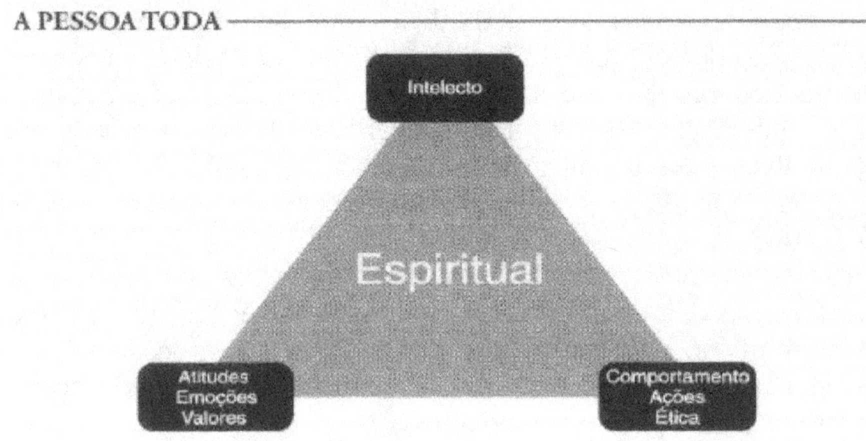

(SHERRON, 1993, p.17)

Ancorado na visão holística da educação cristã, Antonio Gilberto (2002, p.5-6) enumera os três principais objetivos dela, a saber:

a) *A instrução do ser humano no conhecimento divino*, a fim de que ele volte a reatar a comunhão com o Criador, e venha a usufruir plenamente dos benefícios do Plano de Salvação que Deus estabeleceu em seu amado Filho. O apóstolo Paulo compreendeu perfeitamente o objetivo da Educação Cristã: "Admoestando a todo homem e ensinando a todo homem em toda a sabedoria; para que apresentemos todo homem perfeito em Jesus Cristo" (Cl 1.28).

b) *A educação do crente;* para que este logre alcançar a perfeição preconizada nas Sagradas Escrituras: "Toda a Escritura é inspirada por Deus e útil para o ensino, para a repreensão, para a correção, para a educação na justiça, a fim de que o homem de Deus seja perfeito e perfeitamente habilitado para toda boa obra" (2Tm 3.16,17).

c) *A preparação dos santos;* visando capacitá-los a cumprir integralmente os preceitos divinos da Grande Comissão: "Procura apresentar-te a Deus aprovado, como obreiro que não tem de que se envergonhar, que maneja bem a palavra da verdade". (2Tm 2.15).

Diante do exposto, percebe-se que a educação cristã possui seus próprios princípios, demandas e ordenações, através do qual normatizam e orienta a ação da Igreja em sua missão magisterial. Tais princípios, demandas e ordenações são organizados e sustentados por fundamentos. Vejamos os principais fundamentos da educação cristã.

1.2 Fundamentos da Educação Cristã

O primeiro e principal fundamento da educação cristã é a Bíblia Sagrada. A Bíblia como palavra inspirada por Deus é o mais sólido fundamento da educação cristã, pois é nela que encontramos a fonte primária e o único critério inerrante das verdades absolutas de Deus. Se ela não for a fonte primária, o guia didático e o alicerce central, não poderá ser considerada como educação cristã. Lopes (2010, p.112) afirma que:

> Ela, portanto, é a "lente" ou o referencial teórico por meio do qual devemos enxergar as mais diversas ações da existência humana. A Bíblia deve ser assim vista pelos cristãos porque ela declara a si mesma como "inspirada por Deus" (2Tm 3:16-17; 2Pe 1:21). Por ser palavra inspirada por Deus, é por meio dela que podemos conhecer a nós mesmos e a Deus, visto que ela é a sua revelação escrita, ou a comunicação do conhecimento e dos fatos realizados por ele, na manifestação de sua misericórdia e graça, com a finalidade de demonstrar seu imenso amor pelos que lhe pertencem.

Gilberto (2002) aponta que, não são poucos os cristãos educadores, tanto católicos como protestantes, que negligenciam o principal fundamento da educação cristã, utilizando-se de filosofias puramente modernas, humanistas e do ativismo político para fundamentarem aquilo que chamam de educação cristã. Tal exemplo pode ser encontrado na Teologia da Libertação, como aponta o autor, tendo em vista que,

> Seus teólogos, lidos como pedagogos cristãos, nenhum serviço relevante prestaram ao Reino de Deus. Torcendo as Sagradas Escrituras e interpretando-as sob a ótica da dialética marxista, insuflaram revoltas, estimularam guerrilhas e aumentaram a fissão social nos países latino-americanos (GILBERTO, 2002, p.7).

Além das Escrituras, os credos e as declarações de fé também são importantes fundamentos para a educação cristã. Embora fundamentais, eles não podem substituir a centralidade das Escrituras Sagradas, tampouco contrariá-las. Com o objetivo de nos familiarizarmos com os pontos centrais da nossa fé, reproduziremos o Credo das Assembleias de Deus no Brasil, tendo em vista sua total conformidade com os ensinos bíblicos, dos profetas do Antigo Testamento, dos apóstolos de Jesus Cristo e com a ortodoxia doutrinária cristã:

> "Cremos em um só Deus, eternamente subsistente em três pessoas: o Pai, o Filho e o Espírito Santo, Dt 6.4; Mt 28.19; Mc 12.29".
> "Na inspiração verbal da Bíblia Sagrada, única regra infalível de fé normativa para a vida e o caráter cristão, 2T m 3 .14-17".
> "Na concepção virginal de Jesus, em sua morte vicária e expiatória, em sua ressurreição corporal dentre os mortos e sua ascensão vitoriosa aos céus, Is 7.14; Rm 8.34; At 1.9.
> "Na pecaminosidade do homem que o destituiu da glória de Deus, e que som ente o arrependimento e a fé na obra expiatória e redentora de Jesus Cristo é que o pode restaurar a Deus, Rm 3.23; At 3.19".
> "Na necessidade absoluta do novo nascimento pela fé em Cristo e pelo poder atuante do Espírito Santo e da Palavra de Deus, para tornar o homem digno do remo dos céus, Jo 3.3-8".
> "No perdão dos pecados, na salvação presente e perfeita

e na eterna justificação da alma recebidos gratuitamente de Deus pela fé no sacrifício efetuado por Jesus Cristo em nosso favor, At 10.43; Rm 10.13; 3.24-26; Hb 7.25;5.9."

"No batismo bíblico efetuado por imersão do corpo inteiro uma só vez em águas, em nome do Pai, do Filho e do Espírito Santo, conforme determinou o Senhor Jesus Cristo, Mt 28.19; Rm 6.1-6; Cl 2.12."

"Na necessidade e na possibilidade que temos de viver vida santa mediante a obra expiatória e redentora de Jesus no Calvário, através do poder regenerador, inspirador e santificador do Espírito Santo, que nos capacita a viver como fiéis testemunhas do poder de Cristo, Hb 9.14; I Pe 1.15,16".

"No batismo bíblico com o Espírito Santo que nos é dado por Deus mediante a intercessão de Cristo, com a evidência inicial de falar em outras línguas, conforme a sua vontade, At 1.5;2.4; 10.44-46; 19.1-7".

"Na atualidade dos dons espirituais distribuídos pelo Espírito Santo à Igreja para sua edificação, conforme a sua soberana vontade, I Co 12.1-12".

"Na segunda vinda pre-milenial de Cristo, em duas fases distintas. Primeira - invisível ao mundo, para arrebatar a sua Igreja fiel da terra, antes da grande tribulação; segunda - visível e corporal, com sua Igreja glorificada, para reinar sobre o mundo durante mil anos, I Ts 4.16,17; ICo 15.51-54; Ap 20.4; Zc 14.5; Jd 14.

"Que todos os cristãos comparecerão ante o tribunal de Cristo, para receber a recompensa dos seus feitos em favor da causa de Cristo na terra, 2Co 5.10".

"No juízo vindouro que justificará os fiéis e condenará os infiéis, Ap 20.11-15.

"E na vida eterna de gozo e felicidade para os fiéis e de tristeza e tormento para os infiéis, Mt 25.46."

Por fim, mas não menos importante, a vocação e a tradição magisterial da Igreja se constituem como fundamentos da educação cristã. A Igreja nasce com uma dupla tarefa, a saber, ser evangelizadora e educadora. Desde seu nascimento, como atestado na unidade anterior, ela vem ensinando, educando e conduzindo a humanidade à obediência a Deus e sua palavra. Como atesta Gilberto (2002, p.9):

O magistério da Igreja não é uma simples tradição como

o querem alguns teólogos. É tradição, sim, porque tem história, mas, acima de tudo, vocação; fundou Cristo para que proclamasse a sua mensagem, e ensinasse a todas as nações o caminho da salvação.

1.3 A tarefa educadora da Igreja

O Senhor Jesus Cristo pouco antes de sua ascensão deixou uma ordem aos seus discípulos em Mateus 28.18-20:

> E, chegando-se Jesus, falou-lhes, dizendo: É-me dado todo o poder no céu e na terra. Portanto ide, fazei discípulos de todas as nações, batizando-os em nome do Pai, e do Filho, e do Espírito Santo; Ensinando-os a guardar todas as coisas que eu vos tenho mandado; e eis que eu estou convosco todos os dias, até a consumação dos séculos. Amém.

O mundo cristão fundamenta suas teses e metas na dimensão da missão a partir da referência bíblica de Mateus 28, 18-20. Este texto recebeu, por parte dos tradutores da Bíblia, o título de ***Grande Comissão***. O destaque dessa passagem encontra-se nos seus verbos:

πορευθέντες (Mt 28.19) Ide, ou indo: verbo particípio aoristo passivo;

μαθητεύσατε (Mt 28.19): fazei discípulo: verbo imperativo aoristo ativo 2ª pessoa do plural;

βαπτίζοντες (Mt 28.19): batizando-os: verbo particípio presente ativo;

διδάσκοντες (Mt 28.20): ensinando-os: verbo particípio presente ativo;

A essência da ***Grande*** **Comissão** é: Fazer discípulos, batizar e ensinar. Em primeiro lugar a autoridade de Jesus Cristo provê a base para a missão. Já que ele é Senhor, todos devem reconhecê-lo como tal e, para isso, seus seguidores são comissionados. Em segundo lugar, o mandato é para "discipular", ou seja, fazer discípulo, é o único verbo no texto que se encontra no imperativo, ou seja, indicando uma ordem: **μαθητεύσατε**: fazei discípulos (Mt 28.19).

A ênfase da perícope está nesse termo *matheteusate*, pois está no imperativo, esta é a ordem! Das quatro vezes em que este verbo aparece no Novo Testamento, três estão em Mateus (13,52; 27,57; 28,19) e uma em Atos (14,21). A comissão que ele delega a seus apóstolos e por conseguinte à Igreja consiste em fazer discípulos que o confessem como Senhor de todo o universo e que vivam à luz dessa confissão.

A maneira como tal comissão deve ser levada à cabo é definida pelos três gerúndios que acompanham o verbo principal. O primeiro, **πορευθέντες** Ide, ou indo: aponta as circunstâncias na quais se deve realizar o mandato de Cristo, mas não dá base para o pensamento de que o cruzamento de fronteiras geográficas é o elemento predominante da missão.

O segundo, **βαπτίζοντες** batizando-os, mostra que o fazer discípulos envolve a introdução dos novos crentes à comunidade cristã por meio desse rito de iniciação que é o batismo.

O terceiro, **διδάσκοντες** ensinando-os, seguido do objetivo da definição do propósito do ensinamento (guardar todas as coisas que vos tenho ordenado), esclarece que "o fazer discípulos é inseparável de uma formação integral orientada à "obediência da fé".

Assim, podemos afirmar que a principal tarefa da Igreja é fazer discípulos, pautada em um ensino contínuo acerca do Reino de Deus, da doutrina e da fé no Cristo ressuscitado. A Igreja deve tutorar as pessoas desde o nascimento até à morte. A tarefa educadora da Igreja deve facilitar, promover, gerar, guiar, acompanhar e estimular o desenvolvimento das pessoas no Reino de Deus.

A justificativa da existência da Igreja é o ministério da evangelização e do ensino. A Igreja deve seguir o exemplo e a ordem deixada por Jesus após sua ressurreição e pouco antes de sua ascensão. Portanto, ensina-se na Igreja porque Jesus ensinou e assim ordenou.

1.4 Finalidade do Ensino

Agora, faz-se necessário refletir sobre as finalidades do ensino, ou seja, seus alvos e metas finais. Onde se deseja chegar ao promover o ensino na Igreja?

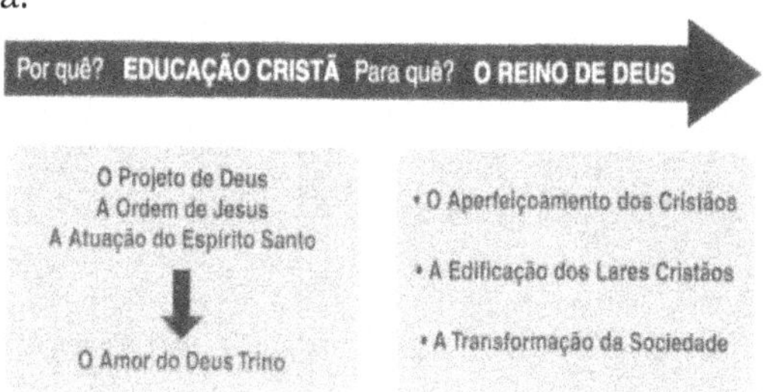

A finalidade última do ensino na Igreja é o Reino de Deus. O ponto central da mensagem de Jesus era o Reino de Deus, cuja presença se estabeleceu através de sua própria pessoa. Em sua mensagem Jesus prometeu a consumação do Reino de Deus no futuro, assegurando que o Reino de Deus "já é presente", contudo "ainda não" em sua plenitude. A vinda de Jesus, bem como sua morte e ressurreição asseguram a vitória final sobre o mal, contudo, a luta ainda não terminou. A tarefa dos Apóstolos era, acima de tudo, espelhar o modelo de Cristo, uma vez que eles eram os propagadores dessa nova realidade, do tempo da salvação. Jesus inaugura o Reino e seus discípulos têm a responsabilidade de demonstrar o domínio e poder de Deus se manifestando no mundo, destronando as forças do mal e encaminhando a história para a deslumbrante e gloriosa consumação do Reino no "Novo céu e Nova terra".

Assim, sempre que os discípulos de Jesus praticam qualquer ato segundo os ensinamentos de Jesus Cristo, o Reino de Deus é manifestado, pois eles são embaixadores do Reino, sinalizadores do domínio soberano de Deus e agentes transformadores do Reino, como aponta George (1993, p.36): "Os princípios do Reino devem fazer parte da vida das pessoas não como uma realidade agregada, mas, sim, como realidade primeira e última".

1.4.1 O Aperfeiçoamento do Cristão

Tendo em vista nosso papel no Reino de Deus, o ensino proporciona às pessoas a compreensão da Palavra, bem como a necessidade de se comprometerem com ela e com a sua missão, ou seja, ensinando os valores do Reino e a necessidade de viver de acordo com esses valores. Primeiramente, a primeira esfera que a vida pautada nos valores do Reino é a individual. As Escrituras ensinam que os cidadãos do Reino precisam crescer na fé e viver uma vida cristã como súditos do Rei:

> A quem anunciamos, admoestando a todo o homem, e ensinando a todo o homem em toda a sabedoria; para que apresentemos todo o homem perfeito em Jesus Cristo; E para isto também trabalho, combatendo segundo a sua eficácia, que opera em mim poderosamente. (Cl 1.28,29)

O Apóstolo Paulo ensinava porque queria contemplar o desenvolvimento e o aperfeiçoamento de cada cristão. O Apóstolo

Paulo aponta que os dons espirituais servem para o "aperfeiçoamento dos santos para o desempenho do seu serviço, para a edificação do corpo de Cristo" (Ef 4.12). Assim, a finalidade do ensinamento deve ser o aperfeiçoamento da pessoa toda e da Igreja toda, para formar cidadãos do Reino de Deus com as mesmas qualidades encontradas em Cristo.

1.4.2 Edificação dos Lares Cristãos

O Reino de Deus tem como seu espaço principal o lar cristão. Para que o Reino tome forma na Igreja, por intermédio da edificação e, na sociedade, é de suma importância que o ensino tome forma nos lares. George (1993, p.38) aponta que:

> O Senhor mandou que seus pais ensinassem seus filhos. A educação deve ser responsabilidade dos pais, e não pode ser transferida para a Igreja. Para se edificar a Igreja, visando à consumação do Reino, tem que haver nutrição espiritual no lar. Alguém disse: "Uma sociedade é o que são suas famílias".

Os valores do Reino devem ser latentes nos lares. É na família que os valores cristãos são preservados e de onde as crianças identificam a importância de viverem tais valores. As crianças veem o certo e o errado nas ações e atitudes de seus pais, que ensinam, antes de tudo, pelo exemplo. Os pais são exemplos formativos que ensinam tanto formalmente quanto informalmente.

É no lar que a criança deve receber as primeiras lições a respeito da Palavra de Deus. Esse processo facilita tanto para a criança quanto para os professores da Escola Dominical, pois os alunos já estão familiarizados com os temas e precisam apenas serem aperfeiçoados. Não podemos delegar a ninguém o nosso papel no ensino de nossos filhos e filhas, essa função nos foi dada por Deus em sua Palavra:

> Tão-somente guarda-te a ti mesmo e guarda bem a tua alma, que te não esqueças daquelas coisas que os teus olhos têm visto, e se não apartem do teu coração todos os dias da tua vida, e as farás saber a teus filhos e aos filhos de teus filhos. (Dt 4.9)

> E estas palavras que hoje te ordeno estarão no teu coração; e as intimarás a teus filhos e delas falarás assentado em tua casa, e andando pelo caminho, e deitando-te, e levantando-te. (Dt 6.6,7)
> Instrui o menino no caminho em que deve andar, e até quando envelhecer, não se desviará dele. (Pv 22.6)
> Não os encobriremos aos seus filhos, mostrando à geração futura os louvores do Senhor, assim como a sua força e as maravilhas que fez. Porque ele estabeleceu um testemunho em Jacó, e pôs uma lei em Israel, e ordenou aos nossos pais que afizessem conhecer a seus filhos. (Sl 78.4,5)

E a Igreja? Qual papel lhe compete no processo de formação e aperfeiçoamento do cristão? Telma Bueno (2012), sublinha que ambas (Família e Igreja) devem trabalhar em unidade. A Igreja, aponta ela, deve:

> Dar oportunidade para que pessoas vocacionadas lecionem na Escola Dominical. Cada um tem um lugar, uma função no Corpo de Cristo (Ef 4.11; Rm 12.4). Nem todos foram vocacionados pelo Senhor para o ensino.
> A igreja, por intermédio da Escola Dominical, deve promover recursos para que os professores, os vocacionados, possam se aperfeiçoar, pois o objetivo do nosso trabalho é o "aperfeiçoamento dos santos" (Ef 4.12,13; Rm 12.7). Professores despreparados não cumprem sua função e não podem ajudar as famílias. Ninguém sabe de forma absoluta. O saber do homem será sempre relativo, temos sempre alvo novo a aprender. Não podemos parar.
> Trabalhar em prol da unidade (Rm 12.16a). Uma Escola Dominical dividida não pode atender as famílias e cumprir com a sua missão enquanto agência do Reino de Deus.
> A igreja precisa investir no ensino a fim de que possa combater os falsos ensinos que tanto prejudicam as famílias (Ef 4.14,15).
> Combater o "inchaço", isto é, as pseudoconversões (Jo 3.3). Não queremos pessoas "convencidas", mas convertidas a Jesus Cristo.

1.4.3 Transformação da Sociedade

Quando os cristãos são aperfeiçoados e os lares cristãos são edificados, a extensão do Reino ultrapassa as fronteiras da Igreja e do Lar. A Igreja e a família por intermédio do ensino que adquiriram reconhecem sua responsabilidade em contribuir na transformação da sociedade. Jesus não pregou apenas, ele agiu e possibilitou a transformação das pessoas, seus lares e o ambiente sociocultural de seu tempo. Ele demonstrou os "sinais do Reino", sua realidade e histórica e temporal.

O exemplo que Jesus deixou acerca de nossa responsabilidade com a transformação da sociedade encontra-se no Evangelho de Mateus 5.1-12: "Vós sois o sal da terra...Vós sois a Luz do mundo". É através da vida material e social na terra, sua inserção no mundo, que o cristão manifesta os valores do Reino de Deus.

Questão para Reflexão

Pense sobre como a Igreja têm contribuído para a transformação integral das pessoas, e como isso tem influenciado a sociedade de alguma forma.

CAPÍTULO 2

Ensino e os desafios da globalização

O ensino tem sido uma forte ferramenta para transformação social e cultural. Muitos desafios são encontrados na jornada educacional e de desenvolvimento das pessoas. O mundo tem experimentado grandes transformações e vivido uma época de revolução de conceitos, ideias, princípios, juízos e de valores. Cabe ressaltar que, as mudanças e transformações são naturais, orgânicas, pois precisam ocorrer. Entretanto, nem tudo que muda e evolui acontece porque era ruim ou de má qualidade. Como aponta César Moisés de Carvalho (2007, p.95), "muitas evoluções causaram fragilidades em vez de fortalecimentos, o que não deixa de ser um efeito colateral e extremamente regressivo". Tais mudanças são tão intensas e profundas que nem sempre podemos mensurá-las.

A partir do séc. XVI d.C. a evolução científica teve maior repercussão e desenvolvimento, tendo em vista o desenvolvimento do protestantismo, muitas invenções consideradas prosaicas, hoje, mudaram o rumo da humanidade para sempre, como atesta Carvalho (2007, p.96):

> Eis alguns exemplos: a lâmpada, os talheres, o vaso sanitário, o parafuso, a escova de dente, o fósforo, o papel higiênico,

> etc. Responda-me, atualmente podemos viver sem essas coisas? E veja, todas inventadas após 1517; leia-se, após a Reforma Protestante.

Diante de tantas inovações, ou seja, sejam aquelas consideradas prosaicas, bem como aquelas consideradas pós-modernas, qual efeito e desafios impõem ao nosso mundo "evangélico"?

2.1 Globalização

Zygmunt Bauman (1999), em seu livro Globalização: as consequências humanas, em lugar de definir o conceito de globalização, absorve-o e aplica. Ele defende que "para todos [...] 'globalização' é o destino irremediável do mundo, um processo irreversível; é também um processo que nos afeta a todos na mesma medida e da mesma maneira" (p. 7). Globalização, dessa forma, seria mais que um movimento autônomo, mas uma corrente inerente à contemporaneidade. Entretanto, embora permeado em nossa sociedade, sua prática é bem definida, a globalização "tanto divide como une; divide enquanto une - e as causas da divisão são idênticas às que promovem a uniformidade do globo" (p. 8). Ela, enquanto amplia horizontes numa realidade virtualizada, oprime aquele que sobrevive na localidade. Como diz Bauman, "ser local num mundo globalizado é sinal de privação e degradação social" (p.8). Dessa forma, globalização, do ponto de vista humano, seria aquele movimento externo que une às outras partes, correntes e movimentos do mundo, enquanto segrega os não destituídos de acessibilidade em suas prisões locais.

Embora o conceito de Globalização priorizasse os processos de expansão econômica, política e cultural a nível mundial, vemos que não é bem assim que acontece. A globalização torna-se alienante quando sua visão é apenas a forma de manifestação da imposição ideológica que quer abolir a oposição, tanto no nível do pensamento quanto no nível político.

Esse pensamento mercantilista e individualista tem encontrado redil em alguns segmentos evangélicos. Muitos valores éticos, morais e espirituais estão sendo relativizados, com o argumento de que a mudança e a evolução são necessárias "até mesmo para a Igreja", fato que prejudica o desenvolvimento permanentemente saudável da fé. A imposição ideológica mercantilista e progressista tem sido armas modernas contra os ensinos e valores cristãos que, em muitos momentos, são considerados pelo mundo moderno como retrógados e ultrapassados.

Como aponta Marcos Tuler (2013, p.118):

> Os fatos aqui apresentados têm condenado homens e mulheres a viverem em uma sociedade cada vez mais individualista, quase inacessível. Por conseguinte, ainda mais necessitada do amor de Deus que sempre será a resposta para os mais profundos dilemas humanos.

Diante disso, a Igreja tem uma dupla tarefa, a saber, identificar os desafios que a globalização e mundo moderno nos apresentam, e, também, de forma plena e segura fortalecer nossas convicções, valores e doutrinas. Embora o mundo esteja em constante evolução e desenvolvimento, padrões bíblicos e doutrinários não podem ser relativizados para atenderem a demanda global, mercantilista e pós-moderna. Não podemos relativizar o que é imutável, a palavra de Deus.

Marcos Tuler (2013, p.116) reforça que, diante de tantas inovações que marcam a nossa era, a Igreja precisa saber lidar com pelo menos três desafios que a globalização apresenta para o ensino cristão, a saber: "o acelerado avanço tecnológico; conspiração silenciosa da violência e o avassalador liberalismo teológico que campeia muitos de nossos educandários e até Igrejas".

2.2 O avanço tecnológico

No mundo pós-moderno as notícias estão disponíveis em tempo real, e podem ser acessadas de diversos equipamentos eletrônicos portáteis. Computadores, celulares, internet já estão disponíveis em quase 90% dos países e sendo utilizados pelas crianças e idosos. Não há como imaginar a humanidade sem o acesso à internet hoje. O avanço tecnológico é, sem dúvida, uma dádiva que contribuiu para o desenvolvimento humano e para o aperfeiçoamento de técnicas importantes para a saúde, economia, política e cultura. Contudo, aponta Tuler (2013, p.116),

> Estamos numa época de generalizada confusão entre digital e analógico, experiências genéticas sem controle e acelerado desenvolvimento científico. As pessoas olham para o passado com perplexidade e para o futuro com desconfiança. Como fazer com que parem para refletir em

> meio a tudo isso? Como conduzi-las a uma introspecção? Como fazer com que tenham interesse por Deus e por sua promessa de vida eterna? Como pregar a palavra de Deus para essas pessoas? Indubitavelmente, é um grande desafio.

Em tempos de globalização e acelerado crescimento tecnológico e informativo, torna-se urgente a participação da Igreja nesse processo, adequando-se à corrida da nova realidade que esse tempo oferece. Carvalho (2007, p.109) sugere que diante de acelerada situação de mutação de ideias,

> Os cristãos são chamados a aproveitar as oportunidades de traduzir a fé no vernáculo do dia, para comunicar-se com a era secular pela mídia visual e desafiá-la em seu próprio terreno. Devemos substituir a visão de mundo legalista pela de Reino, onde cada um deve granjear o(s) seu(s) talento(s) (Mt 25.14-30).

O conselho de Carvalho ressalta a necessidade de nos apropriarmos de todos os meios possíveis para cumprir nosso chamado de anunciar as boas novas e oferecer conhecimento sobre os ensinamentos bíblicos. Essa apropriação das mídias sociais, da tecnologia, dos novos recursos de comunicação em massa é importante para o desenvolvimento da fé cristã no mundo moderno, contudo, nada disso pode substituir os paradigmas e fundamentos estabelecidos pelos pioneiros da história do cristianismo. Usar os recursos é fundamental e importante, mas são apenas "acessórios" utilizados para oferecer, para o maior número de pessoas possível, a mensagem do Reino de Deus.

A globalização não oferece apenas benefícios para a humanidade. Tal sistema também segrega as pessoas. O poder monetário subjuga à miséria, pessoas que não conseguem usufruir do mesmo poderio de consumo, de participação financeira em alguns segmentos da sociedade. Por isso vemos, a cada dia que passa com mais frequência, famílias inteiras em profunda miséria e dificuldades, tendo em vista a crescente onda de individualismo e indiferentismo com o próximo. Frente a esse cenário, a Igreja não pode se "acostumar" ou se "familiarizar" com tal realidade, antes devemos nos perguntar, como aponta Tuler (2013, p.118):

> Como a Igreja pode influenciar esta sociedade emergente? Que tipo de ensino e educação cristã deverão ser implementados nestes tempos pós-modernos? Quais são os instrumentos, as ferramentas mais eficazes? Como manipulá-las? O que cada educador nos mais diversos setores da igreja pode fazer? São demandas que nos desafiam a sermos cuidadosos com a nossa vocação ministerial, a fim de que resgatemos do mundo os homens da era digital.

Como homens e mulheres de Deus somos impulsionados por Ele para levar a sua preciosa palavra e defrontá-la com as novas questões humanas e sociais. Cabe-nos, como conhecedores da Palavra de Deus, o papel de possibilitar que as ações da Igreja não se limitem ao espaço da organização religiosa, mas produza profundas transformações nos lares e em nossa sociedade.

Questão para Reflexão

Reflita sobre como sua Igreja local tem se preocupado em lidar com as novas tecnologias modernas, e como percebe a necessidade de seu uso para transmissão da Palavra de Deus e dos ensinamentos bíblicos.

Escola dominical: A principal agência de ensino da Igreja

A Escola é a principal agência de ensino da Igreja. Essa afirmação não elimina a presença do ensino bíblico em outros setores ou departamento da Igreja. O ensino bíblico está presente na celebração do culto, nos espaços destinados à evangelização e aperfeiçoamento dos cristãos. Contudo, é na Escola Dominical que encontramos, de maneira inconfundível, a intenção de oferecer, de forma sistemática, a educação cristã com profundidade, eficácia e abrangência. Não há nenhuma outra proposta educativa que ofereça o estudo completo das Escrituras ajustado à idade, à capacidade e à linguagem dos alunos de cada departamento da Igreja, como a Escola Dominical.

Como atesta Tuler (2013 p.16),

> Ela é a principal agência de ensino da Igreja em função da centralidade da Bíblia coo única regra de fé e prática. As Escrituras funcionam como o livro-texto da ED desde o lançamento das primeiras séries de lições até hoje. Isto não quer dizer que os outros setores da Igreja não ensinem a Bíblia. A instrução bíblica é também ministrada do púlpito, nas reuniões de oração, nos seminários específicos e nos programas dos diversos setores da Igreja. Entretanto, nada tirará o lugar da Escola Dominical como maior e principal agência de ensino, responsável pela instrução do povo de

Deus nas Sagradas Escrituras.

Vemos que a Escola Dominical é essencial para o processo de formação cristã no seio da Igreja. Vejamos, agora, quais são os principais objetivos da Escola Dominical.

3.1 Os objetivos da Escola Dominical

A Escola Dominical tem objetivos muito bem definidos e baseados na grande comissão de Jesus. Não se trata de uma reunião "domingueira" comum, ou simplesmente um culto a mais na organização de celebrações semanais na Igreja. Antonio Gilberto (2020) sinaliza pelo menos três objetivos fundamentais da Escola Dominical: Ganhar almas para Jesus; Desenvolver a espiritualidade dos alunos e o caráter cristão e, Treinar o cristão para o serviço do mestre.

3.1.1 Ganhar almas para Jesus

Assim como tudo na Igreja deve ser voltado para a ganhar almas para Jesus, a Escola Dominical é um dos principais espaços onde isso deve acontecer. Um dos deveres dos professores da Escola Dominical dever ser orar e agir para que todos os seus alunos aceitem a Jesus como Senhor e Salvador e o sigam como Senhor e Mestre, aponta Gilberto (2020). Segundo ele (2020, p.21):

> Há professores que ensinam a verdade bíblica durante anos sem nunca verem um aluno convertido, talvez porque nunca os levaram a aceitar a Cristo na própria sala de aula. O meio certo de levar almas a Cristo e usar a Palavra e confiar na operação do Espirito Santo (Jo 3.5; 16.8; 1 Pe 1.23). O professor não pode salvar seus alunos, mas pode leva-los a Cristo o Salvador, como fez André (Jo 1.42). A Bíblia não diz: "Ensina a criança no caminho em que ela vai andar, ou quer andar", mas: "no caminho em que ela deve andar" (Pv 22.6 - ARA).

Assim, a Escola Dominical é, ainda, uma fonte de evangelização. Por esse motivo, é conveniente que suas reuniões sejam públicas. A tarefa do professor deve ser, também, incentivar os seus alunos a trazerem seus amigos para as aulas, pois é uma boa maneira de, possivelmente, ganhá-los para Jesus, como também seus familiares. Há muitos relatos de Escolas Dominicais que registram dezenas de milhares de conversões em poucos anos, realizando evangelismo enquanto ensinam nas classes, bem como noutras atividades organizadas pela Escola.

3.1.2 Desenvolver a espiritualidade dos alunos e o caráter cristão

O segundo objetivo da Escola Dominical demonstra que a caminhada cristã funciona como uma educação continuada. Ganhar o aluno para Jesus é apenas o início da obra, o início da jornada. Agora, é fundamental cuidar do aperfeiçoamento dos hábitos cristãos, que resultarão em um caráter modelado pela preciosa Palavra de Deus. Antonio Gilberto (2020) lembra-nos que, de acordo com a Psicologia são os hábitos que formam o caráter da pessoa, e "este influi no destino da pessoa". Isso, é claro, pensado a partir da ótica humana.

Vemos um crescente interesse no campo da instrução secular, de forma notável nas fases iniciais da criança. Mas, nossa concepção de educação não pode apenas se limitar à instrução que nossos filhos recebem na escola, antes, esta tem que vir do lar e da Igreja, se esta for bíblica, fundamental. Como aponta Gilberto (2020, p.22): "Deixe a criança sem instrução e veja o resultado! O mesmo acontece espiritualmente ao novo convertido, seja criança, jovem, adulto ou idoso".

Precisamos de uma Escola Dominical dotada de obreiros e obreiras cheios do Espírito Santo, que contribuam, de forma eficaz, na implantação da fé cristã entre os homens. Nós não podemos esperar que a escola pública e secular faça isso, pois é tarefa da Igreja cuidar disso, por intermédio do ensino proposto por sua principal agência de ensino, que é a Escola Dominical.

O intuito da Escola Dominical é resumido de forma majestosa por Gilberto (2020, p.23), quando aponta que,

> Um dos intuitos, pois, da Escola Dominical, é o de fazer de seus alunos, homens e mulheres, verdadeiros cristãos, cujas vidas se assemelhem em palavras e obras ao ideal apresentado em Jesus Cristo, conforme lemos em Colossenses 1.28; Ef 4.13. Vê-se, portanto, que a tarefa do professor da Escola Dominical e da máxima importância e do maior alcance, precisando não somente de conhecimentos da matéria (a Bíblia), e da arte de ensinar (Pedagogia) mas também de influenciar e orientar o pensamento do aluno, resultando em continua moldagem do caráter cristão ideal, no sentido

moral e espiritual.

Nesse sentido, a Escola Dominical educa o cristão, ou seja, desenvolve sua capacidade intelectual e espiritual, tendo em vista seu pleno desenvolvimento. No âmbito da Escola Dominical, educar implica formar o caráter do homem consoante às Escrituras Sagradas, com a finalidade maior de contribuir para que o ser humano seja um reflexo perfeito do seu Criador e de seus atributos morais e comunicáveis. Andrade (2002) lembra-nos que a principal finalidade das Sagradas Escrituras é justamente a educação do homem (2Tm 3.16-17). Ele aponta também que,

> Também é missão da Escola Dominical a formação de homens, mulheres e crianças piedosos. Escrevendo a Timóteo, o apóstolo Paulo é irreplicável: "Exercita-te a ti mesmo na piedade" (I Tm 4.7). A piedade não se adquire de forma instantânea; advém-nos ela de exercícios e práticas espirituais que nos levam a alcançar a estatura de perfeitos varões. Vale aqui lembrar as apropriadíssimas palavras de Alan Redpath: "A conversão de uma alma é o milagre de um momento; a formação de um santo é a tarefa de uma vida inteira". Por conseguinte, o que é a Escola Dominical senão uma oficina de santos? Ela nos ensina com o nos adestrarmos na piedade até que venhamos a ficar, em todas as coisas, semelhantes ao Senhor Jesus.

3.1.3 Treinar o Cristão para o serviço do Mestre

Embora não seja um seminário, tampouco possua uma expressiva grade curricular, a Escola Dominical é um espaço importantíssimo para treinar cristãos e obreiros para a obra do Mestre.

Através de seu treinamento espiritual, a Escola Dominical oferece aos seus alunos, ilimitadas possibilidades de servir ao seu Senhor. Ela é uma eficientíssima oficina de obreiros, como aponta Andrade (2002, p.37):

> De suas classes é que saem os diáconos, os presbíteros, os evangelistas, os pastores, os missionários e os teólogos. A pesquisa realizada pelo Dr. C.H. Benson é bastante reveladora: "Um cálculo muito modesto assinala que 7 5 %

> dos membros de todas as denominações, 85% dos obreiros e 95% dos pastores e missionários foram, em algum tempo, alunos da Escola Bíblica Dominical".

A Escola Dominical deve despertar em seus alunos o desejo de servirem de forma integral ao seu Senhor, através do serviço. É um privilégio contribuir com a causa de Cristo e empreender alguma atividade cristã, coisas que devem ser constantemente trazidas à consciência dos alunos. Gilberto (2020, p.23) aponta, assim, o lema e o tríplice objetivo da Escola Dominical, a saber:

> O lema da Escola Dominical completa deve ser:
> · Cada aluno um crente salvo
> · Cada salvo, bem treinado
> · Cada aluno treinado, um obreiro ativo, diligente, dinâmico.
> Assim, o tríplice objetivo pode ser resumido em três frases: aceitar a Jesus; crescer em Jesus; servir a Jesus.

Na obra do Senhor o que se requer são obreiros cheios do Espírito Santo, de fé nas Escrituras e capacitados para o desempenho fiel do ministério. A Escola Dominical encontra-se numa posição nobre na Igreja, pois é ela quem "cuida das vidas em formação, seja no sentido social ou espiritual (GILBERTO, 1998, p.142).

Descuidar-se desse setor tão importantíssimo para o desenvolvimento cristão pode seriamente comprometer, não só a realidade presente da Igreja como, profundamente, seu futuro, como aponta Gilberto (1998, p.143):

> O descuido nessa parte reflete diretamente nas crianças de hoje e nos jovens de amanhã. A orientação e formação de professores, especialmente no setor infantil e uma premente necessidade. No descuido quanto ao ensino bíblico, os mais prejudicados são as crianças. Conforme 2 Reis 4.38-41, podemos pagar muito caro por uma só ignorância espiritual, se assim aplicarmos aquele incidente. Nossas crianças levam em média 700 horas anuais na escola de instrução secular, preparando-se para uma vida terrena tão curta. Não podem elas passar pelo menos 52 horas na Escola Dominical,

preparando-se para a outra vida, que e eterna? Um aluno que sempre frequentou a Escola Dominical, aos 18 anos terá tido umas 936 horas/aula. No mesmo período, numa escola secular, ele terá cerca de 8.000 horas/aula.

O tríplice objetivo da Escola Dominical pode ser alcançado eficazmente porque a obra é de Deus, sua Palavra diz que Ele vela por sua Palavra e por sua obra. Deus convida trabalhadores para participarem dessa tão grande obra que Ele está realizando. Ela (a Escola Dominical) é uma árvore frondosa que já demonstra seus frutos, resultado de seus objetivos claros e sua excelência em formar pessoas para o serviço do Reino. O resultado dessa primazia tem um porquê, como sublinha Gilberto (2020, p.25):

· Seu *livro-texto* é o melhor do mundo: a Palavra de Deus, o mapa que nos guia ao céu.
· Seu *supremo dirigente* é o Deus vivo, Todo-Poderoso e amoroso, que criou os mundos.
· Seu *alcance* é o mais vasto do mundo: vai do bebê ao ancião mais idoso.
· Seus *alunos* são o melhor povo do mundo: os que conhecem e amam a Deus e sua Palavra.
· Seus *resultados* são os melhores do mundo, porque são infalíveis, materiais, espirituais e eternos.

3.2 Atributos da Escola Dominical como agência educadora

Além do tríplice objetivo da Escola Dominical[2], podemos destacar algumas características próprias dela que, de forma geral, também contribuem para o seu sucesso e crescimento exponencial. Vejamos:

3.2.1 Ensino bíblico ortodoxo

Temos visto que muitas igrejas não têm valorizado a ED com a mesma ênfase e grau que no passado. Muitas igrejas já não depositam nela o papel central de promoção da educação bíblico-cristã. O ensino ortodoxo das Escrituras, bem como das principais doutrinas da fé cristã, tem perdido espaço para programas de entretenimento e descontração em muitas Igrejas.

O que produz crescimento na Igreja é o ensino constante da Palavra

2 Usaremos a partir de agora a sigla "ED" para Escola Dominical.

de Deus. É através do estudo sistemático das Escrituras Sagradas que se experimenta o avivamento genuíno. Não há outro caminho para manter a Igreja viva, a não ser o retorno às Escrituras. Onde a Palavra de Deus é ensinada e praticada, consequentemente, o avivamento acontece. Há confissão de pecados, desinteresse pelas coisas de Deus desaparece, aliança e celebração são desfrutadas de forma integral.

Negligenciar a ED é abandonar o coração da Igreja, lugar onde pulsa vida e comunhão com Deus. Mas, por que a ED tem sido abandonada? Ela esgotou suas potencialidades? Seus métodos são ultrapassados? Ou o ensino bíblico não tem sido mais prioritário? Não há como crescer plenamente sem que estejamos fundamentados na Palavra e, não há outra instituição melhor para concretizar esse tão nobre propósito como a ED.

3.2.2 Comunhão plena

Desde seu nascimento, a Igreja desfruta de plena comunhão na doutrina e nas instruções dos Apóstolos. No cristianismo primitivo não havia espaços oficiais de culto, os templos. Eram reuniões domésticas onde as famílias se reuniam para orar, comungar e estudar a Palavra de Deus. Nas casas tínhamos uma dinâmica de fé e de relação com o divino totalmente diferente daquela experimentada no Templo. Sugeria novas relações econômicas. Havia uma partilha comum, uma superação da fome e miséria (At 4,32-35). Havia, também, novas relações sociais, ou seja, as pessoas desprezadas e rejeitadas pela sociedade, ou consideradas inferiores, recebiam acolhida. Esse processo também ofereceu novas relações de gênero, em especial, na atuação das mulheres dentro da comunidade.

Toda comunidade cristã crescia na graça e no conhecimento, simplesmente, porque mantinha-se em comunhão, reunida em torno da Palavra de Deus. A ED propicia o mesmo espaço de interação e comunhão em torno da Palavra de Deus. Há um espaço de inter-relação entre os crentes, onde o centro é permanecer nos ensinamentos e doutrinas dos Apóstolos, partilhando da comunhão e crescimento espiritual, além das ideias e princípios encontrados nas Escrituras Sagradas.

Questão para Reflexão

Pense acerca da ED como principal agência ensinadora na Igreja e se essa forma de pensar sobre ela pode ser identificada em sua Igreja local.

CAPÍTULO 4

Os desafios da Escola Dominical hoje

A Igreja de Jesus Cristo sempre teve que lidar com desafios, desde o seu nascimento. Nos seus primeiros anos de vida seu conflito se deu diretamente com os seus contemporâneos judeus, que, de certa forma, viam no movimento de Jesus, um problema para a legitimidade de sua religião.

Quando o Cristianismo já ocupava praticamente todas as províncias do Império Romano, inclusive sua capital Roma, seu principal desafio foi lidar com a incompreensão acerca de sua visão de mundo, visão esta que negava vigorosamente a crença politeísta greco-romana e assumia a crença no senhorio de Cristo sobre tudo e sobre todos. As perseguições, julgamento e martírios proporcionaram à Igreja primitiva uma baixa gigantesca de fiéis.

Entretanto, nenhum desses desafios, por piores que fossem, foram capazes de extinguir a fé em Jesus Cristo e em sua Palavra. Vimos na primeira unidade de nosso estudo, que houve momentos em que a Igreja sofreu com o comprometimento com os ensinos bíblicos, o que ocasionou séculos de apropriação indevida da vontade de Deus, corrupção por parte do clero da Igreja Católica Romana, desejo e abuso de poder em relação aos fiéis, bem como o afastamento da Bíblia e dos ensinamentos bíblicos do povo comum. Mas com o advento da Reforma Protestante no século XVI, a centralidade das Escrituras e dos ensinos bíblicos foram resgatados, proporcionando um crescimento extraordinário tanto da Igreja de Cristo, como o crescimento individual dos fiéis.

Com o nascimento da ED na Inglaterra esse crescimento foi potencializado. A obra realizada por Raikes conseguiu alcançar muitas vidas em seu tempo, mudando não só a história da pequena cidade de Gloucester, mas de toda Inglaterra. Sua iniciativa conseguiu romper com as barreiras estruturais, sociais e espirituais. A minúscula semente plantada por ele, hoje, é uma árvore frondosa que abriga milhares de pessoas em todo o mundo. Havia muitos desafios e dificuldades, mas pela graça e misericórdia de Deus, aliados à fé e esperança de Raikes, a Palavra de Deus transformou e transforma a vida de muitas pessoas através da ED.

E hoje? Quais são os desafios que a educação cristã enfrenta? É correto dizer que a ED está em crise? Quais desafios o mundo moderno impõe à Igreja e a sua principal agência ensinadora? Vejamos alguns caminhos para respondermos essas perguntas.

4.1 A Desvalorização pela Escola Dominical

Alguns críticos acusam a ED de uma atividade retrograda e ultrapassada. Outros apontam para a falta de contextualização e relevância social da mesma. Mais críticos sugerem que a ED já está morta e que precisa ser apenas enterrada. Estes argumentos já estão sendo utilizados por Igreja para repensarem o papel da ED em suas comunidades locais, e como promover um programa educacional digno de reconhecimento e incentivo. Diante do contexto e desafios atuais não podemos deixar a ED sofrer com a sua desvalorização. É necessário fazer uma reflexão e buscar fundamentos e bases seguras para seu estabelecimento.

Precisamos identificar quais são os ferimentos e estancar o sangue que deles escorre, a fim de mostrar a potencialidade que a ED possui. O fato é que a ED vive dias de indiferença por parte de muitos. Lécio Dornas (2002) aponta para alguns fatores que demonstram essa falta de interesse com a ED. Ele lembra-nos que, se buscarmos os dados de trinta ou quarenta anos atrás, veremos que o número de alunos matriculados na ED era muito maior do que os membros pertencentes à comunidade que hospedava a escola. Isso significa que havia uma compreensão sadia acerca do espaço evangelístico da ED. Ou seja, para ele, uma das causas da desvalorização e desinteresse pela ED começa na negligência de seu espaço como agente de evangelização.

Ele recorda que,

> Desde sua gênese com Robert Raikes (1736-1811), na Inglaterra, a Escola Dominical foi dirigida a crianças fora do ambiente da Igreja. Eram crianças que estavam nas ruas aprendendo coisas ruins e sendo formadas pela vida das ruas na escola da imoralidade e da desonestidade. Raikes investiu num projeto que visava tirar as crianças das ruas no dia em que elas lá permaneciam por mais tempo: o domingo. Pouco a pouco, a Escola Dominical de Raikes foi crescendo e sua ideia se espalhou de tal forma que há notícias de que em 1831, 20 anos após sua morte, havia na Grã-Bretanha escolas dominicais que, unidas, envolviam no estudo da Palavra de Deus, semanalmente, perto de 1.250.00 crianças (aproximadamente 25% da população).

A consequência desse abandono do aspecto evangelizador da ED é o número ínfimo de matriculados na ED, sequer igual ao número de membros da Igreja. Há uma imensa dificuldade para que os membros se tornem alunos da Escola Dominical.

Nesse sentido, a promoção da ED seria um caminho para encontrar tanto os de dentro, como os de fora. As informações acerca da ED devem ser constantemente divulgadas e promovidas. Seus benefícios, o que ela representa para aqueles que dela participam, etc. Essa propaganda contribuirá para aguçar a curiosidade e o desejo dos membros para se tornarem alunos da ED. O problema do marketing da ED é uma realidade em nosso país, como aponta Dornas (2002, p.86):

> Na maioria das Escolas Dominicais do nosso país não existe nenhuma estratégia de marketing definida, quase nenhuma propaganda é feita. As pessoas precisam descobrir sozinhas o que é, como funciona, e a relevância da Escola Dominical. Isso é simplesmente absurdo! Num mundo de alta competitividade, onde cada um tenta arrastar as pessoas na direção de suas propostas, cruzar os braços e não ter qualquer estratégia de marketing é aceitar a falência gradual.

Os vizinhos da Igreja precisam saber o que é Escola Dominical, saber de sua existência, como funciona, os benefícios que oferece aos seus participantes, quanto custa para participar, quem pode participar. Como sugere Dornas (2002, p.87), "uma simples mala-direta informando o que é e como funciona a Escola Dominical pode atrair pessoas interessadas no estudo da Bíblia".

A Escola Dominical caminha muito bem em termos de conteúdo e ensino, entretanto, é preciso despertar o interesse do povo. Esse esforço deve partir de todos aqueles que se envolvem com ED, pastores, superintendentes e professores, mostrando a importância e a necessidade de ser um participante da ED.

4.2 A inclusão de Portadores de Necessidades Especiais

Tendo em vista a necessidade de acolher a todos os membros, em todos os segmentos da Igreja, a inclusão de portadores de necessidades especiais é um fator desafiador e urgente para as Igrejas no século XXI. Algumas barreiras são impostas para as pessoas que enfrentam alguma deficiência nos mais variados ambientes sociais. Tais pessoas frequentam os mais diversos lugares sociais, inclusive o espaço Igreja. A importância de acessibilidade e direitos direcionados para esses cidadãos são assegurados por lei, o que exige que os mais variados ambientes sociais sejam adaptados para receberem e promoverem inserção dessas pessoas, tanto nos espaços sociais, como nos profissionais e educacionais.

A lei de inclusão 13.146/2015, foi aprovada e tem trazido garantias fundamentais para a equiparação das pessoas com deficiência em relação à sociedade. Vejamos alguns dos artigos em destaque na lei:

> Art. 2º Considera-se pessoa com deficiência aquela que tem impedimento de longo prazo de natureza física, mental, intelectual ou sensorial, o qual, em interação com uma ou mais barreiras, pode obstruir sua participação plena e efetiva na sociedade em igualdade de condições com as demais pessoas.
> Art. 3º Para fins de aplicação desta Lei, consideram-se:
> I - Acessibilidade: possibilidade e condição de alcance para utilização, com segurança e autonomia, de espaços, mobiliários, equipamentos urbanos, edificações, transportes, informação e comunicação, inclusive seus sistemas e tecnologias, bem como de outros serviços e instalações abertos ao público, de uso público ou privados de uso

> coletivo, tanto na zona urbana como na rural, por pessoa com deficiência ou com mobilidade reduzida;
> Art. 4º Toda pessoa com deficiência tem direito à igualdade de oportunidades com as demais pessoas e não sofrerá nenhuma espécie de discriminação.
> Art. 8º É dever do Estado, da sociedade e da família assegurar à pessoa com deficiência, com prioridade, a efetivação dos direitos referentes à vida, à saúde, à sexualidade, à paternidade e à maternidade, à alimentação, à habitação, à educação, à profissionalização, ao trabalho, à previdência social, à habilitação e à reabilitação, ao transporte, à acessibilidade, à cultura, ao desporto, ao turismo, ao lazer, à informação, à comunicação, aos avanços científicos e tecnológicos, à dignidade, ao respeito, à liberdade, à convivência familiar e comunitária, entre outros decorrentes da Constituição Federal, da Convenção sobre os Direitos das Pessoas com Deficiência e seu Protocolo Facultativo e das leis e de outras normas que garantam seu bem-estar pessoal, social e econômico.

A lei, bem como os principais artigos destacados acima, deve ser seguida pelas Igrejas, uma vez que entre os seus membros estão arroladas pessoas que pertencem a esse grupo de cidadãos, que devem ser respaldados pela lei. Precisamos oferecer a participação dos membros com necessidades especiais em todas as áreas da Igreja, inclusive na ED.

É importante que os líderes e superintendentes da ED proporcionem caminhos para que esse aluno tenha condições de acessar às salas de aula, ao material de apoio à lição semanal e à participação em cargos de ensino ou administração da ED dominical. Não é um processo relativamente fácil, pois sabemos que há uma série de necessidades que exigem uma adaptação ampla, como no caso de portadores de deficiência motora, portadores de necessidade auditiva, portadores de necessidade visual, entre outros. Mas, todo esforço é válido e demonstra que a Igreja se apresenta como um exemplo e espelho a ser seguido pela sociedade, além de demonstrar sua semelhança com Cristo, que tanto buscou incluir a todos no Reino de Deus.

Questão para Reflexão

Reflita sobre como sua Igreja local está lidando com os desafios impostos à ED destacados nesse capítulo.

CAPÍTULO 5

Expandindo a Escola Dominical

O principal objetivo de todos aqueles que se envolvem com o ensino e se esmeram para servir com qualidade ao prazeroso ministério do ensino bíblico é que suas escolas dominicais cresçam em todos os sentidos, âmbitos e aspectos possíveis. Esse crescimento, todavia, só acontecerá mediante um cuidadoso e eficiente planejamento. Nenhuma Escola Dominical crescerá sem um detalhado plano de ação e expansão.

Como aponta Tuler (2018, p.27):

> Nesse afã muitos questionamentos deverão ser feitos pelos líderes da Escola Dominical. O que fazer para criar novos departamentos e/ou ampliar os já existentes? O que fazer para desdobrar as classes, tornando-as interessantes e participativas? Como arranjar espaços adequados para as salas de aula? Como administrar os espaços existentes? Como administrar os recursos financeiros, técnicos e humanos em benefício da Escola Dominical? Enfim, como melhorar a Escola Dominical?

5.1 Organização

O primeiro passo para expandir e melhorar a Escola Dominical é atentar-se para a organização. A organização diz respeito à ordem, método, estrutura, planejamento e preparo. É fato que nada funciona de forma satisfatória sem organização. Organizar de forma clara as etapas do trabalho, o desempenho em termos de esforço e dedicação para realizá-lo, o resultado será excelente. Esse axioma serve para todas as áreas da vida, a familiar, profissional e ministerial. O grande problema é que algumas pessoas não se preocupam em fazer a obra de Deus de forma organizada, planejada e metódica. Muitos querem fazer a obra de Deus de qualquer maneira, mas não é isso que as Sagradas Escrituras nos ensinam.

Quanto à necessidade de sermos organizados na obra de Deus, Antonio Gilberto (1998, p.147) diz:

> organização permeia toda a criação de Deus, bem como todas as suas cousas. A desorganização e a desordem destroem a vida de qualquer pessoa, igreja ou organização secular. Por seu turno, o crescimento sem ordem e aparente e infrutífero. Sim, porque toda energia sem controle e prejudicial e perigosa. Pode haver muito esforço e nenhum crescimento real, porque a desorganização aniquila os resultados positivos surgidos. Uma vez que a ordem permeia o universo de Deus, temos base para crer que o céu é lugar de perfeita ordem. Leis precisas e infalíveis regulam e controlam toda a Natureza, desde o minúsculo átomo até os maiores corpos celestes.

Para que a ED cresça é fundamental que a conscientização acerca da organização esteja presente em cada pessoa responsável pelo funcionamento dela, e que ela (a organização) esteja presente desde os primeiros passos: no planejamento, na execução e na avaliação dos resultados.

Marcos Tuler (2018) aponta alguns itens estruturais que precisam estar organizados para um bom funcionamento e para expansão da ED:

- Eleição de uma diretoria
- Seleção do corpo docente
- Criação de departamentos

- Divisão de Classes
- Determinação do Currículo
- Instalações de equipamentos adequados
- Mobiliário apropriado
- Cronograma anual de reuniões
- Material didático-pedagógico
- Programa de Atividades extracurriculares
- Programa de treinamento e reciclagem para professores
- Programa de visitação
- Programa de expansão
- Instalação de Biblioteca

Destacamos que a lista proposta por Tuler (2018) perpassa pela tríplice dimensão da Escola Dominical, a saber, a Estrutural, Administrativa e Pedagógica. Não há como organizar uma das dimensões apenas, haja vista que se alguma delas for negligenciada pode comprometer o funcionamento saudável da ED.

A organização deve ser simples e funcional. Os organizadores de Escola Dominical devem atentar-se para a realidade de sua Igreja. Não haverá benefício algum se o planejamento não levar em consideração as condições financeiras, estruturais e pedagógicas de sua comunidade, pois sem esse devido cuidado o que era para gerar e trazer benefícios causará enorme frustração.

5.2 Estabelecer um plano de crescimento

Encontramos testemunhos de pastores, líderes e superintendentes que atestam a qualidade da Escola Dominical em suas Igrejas. Escolas Dominicais regadas de alunos assíduos e desejosos pela Palavra de Deus. Esses testemunhos são positivos, mas são, todavia, tentadores. Tendemos a traçar metas de crescimento e amadurecimento para os trabalhos e departamentos da Igreja e cessar de avançar quando alcançamos os objetivos traçados anteriormente. Sem dúvida, a ED deve prezar por sua qualidade no ensino, mas o nosso objetivo é, também, que esse ensino alcance o maior número de pessoas possíveis, o que indica que o alvo da ED deve ser o crescimento numérico constante atrelado à qualidade do ensino da Palavra de Deus.

Surge, então, a necessidade de perguntarmos: Quais os passos necessários para que a Escola Dominical cresça em qualidade e numericamente?

5.2.1 Localizar a população Alvo

Onde se encontram os alunos em potencial? Os líderes e dirigentes da Escola Dominical precisam saber onde plantar a semente da Palavra de Deus. Encontramos pelo menos quatro espaços em que a ED pode explorar e aumentar seu quadro de alunos.

a) O rol de novos convertidos

Os novos convertidos são uma terra fértil pronta para o plantio da semente e rápido crescimento. Eles são como crianças recém-nascidas que necessitam de cuidado especial. É de suma importância que eles sejam acompanhados de perto, a partir do momento de sua conversão, sendo assistidos com visitas, instrução e matrícula na classe de discipulado/novos convertidos da ED.

b) Os visitantes na Escola Dominical e nos cultos da Igreja

As Igrejas sempre recebem visitantes em seus cultos oficiais. Se a ED local se dedica à sua essência missionária e evangelizadora nas escolas dominicais, temos um número considerável de visitantes crentes e não crentes. Tais pessoas, por motivos diversos, não são membros de nenhuma Igreja. Eis a oportunidade de convidá-las a matricularem-se na Escola Dominical.

c) O rol de membros da Igreja

Sem dúvida, o rol de membros da Igreja deve ser alvo constante da liderança da ED. O ideal é que todos os membros da Igreja façam parte do quadro de alunos da Escola Dominical. Ressaltamos que isso deveria ser comum e natural. A Escola Dominical deveria ter um número muito maior do que o número de membros da Igreja, haja vista que todos os membros deveriam estar matriculados somados aos alunos visitantes não cristãos da ED. Nesse aspecto os superintendentes e líderes da ED precisam da ajuda de todos os líderes de departamentos e segmentos da Igreja, bem como do pastor local, para incentivar e promover a necessidade e os benefícios que a ED proporciona para seus liderados.

d) A comunidade ao redor da Igreja

A Igreja local precisa estar atenta à realidade que a cerca. Um olhar aguçado para as necessidades e problemas sociais que permeiam o bairro e a cidade que a Igreja se encontra localizada pode ser transformado em estratégia missionária e produzir crescimento para o Reino de Deus. Não são poucos os testemunhos que relatam a conversão de grandes homens de Deus que foram alcançados pelo ensino bíblico e escolas dominicais. Basta lembrarmos que a ED nasce da visão ampla de um homem que desejava oferecer novas oportunidades para jovens na Inglaterra, oferecendo um programa de ensino integral e da Palavra de Deus.

5.2.2 Investindo na Escola Dominical

O investimento na ED deve ser constante na organização da Igreja. A ED não funcionará de forma adequada sem organização e tampouco sem o investimento necessário para sua subsistência e expansão. Tuler (2018, p.38) lembra-nos que, quando falamos de investimento, não nos referimos apenas em recursos financeiros, mas em recursos humanos e técnicos.

> a) Recursos financeiros.
> Deve a igreja destinar uma verba regular a fim de que a Escola Dominical possa funcionar sem atropelos e improvisações.
> b) Recursos humanos.
> Compreende a reciclagem periódica do superintendente e professores.
> c) Recursos Técnicos.
> Aquisição de material didático, mobília adequada e salas pedagogicamente planejadas. Observe abaixo alguns comportamentos negativos que não devem ser copiados pelos líderes que priorizam o ensino na igreja;
> • Permitir atividades paralelas durante o funcionamento da Escola Dominical (Atividades administrativas, tesouraria, serviço de som, afinação de instrumentos musicais, aconselhamento pastoral, etc.);
> • Não investir, ou investir insuficientemente na área de educação. A principal parcela do orçamento da Igreja sempre é dirigida a outras áreas em detrimento da educacional.

Toda tarefa executada na Escola Dominical deve passar por uma rigorosa avaliação periódica. Seu alvo deve ser alcançar o padrão de excelência. Os pequenos progressos do presente (resultados) devem ser somados aos objetivos a serem alcançados para que se estabeleça a consciência de que sempre há possibilidade de melhorar, progredir e expandir a Escola Dominical.

Questão para Reflexão

Reflita sobre como a sua Igreja local pode multiplicar os alunos da Escola Dominical explorando a comunidade ao redor da Igreja.

ESTRUTURA ORGANIZACIONAL DA ESCOLA DOMINICAL

A organização permeia toda a criação de Deus. O Deus da criação é extremamente organizado e vela para que tudo aquilo que está ligado à sua obra seja organizado. Leis precisas regulam toda a Natureza e a sua perfeita existência, uma simples "coisa" que estivesse milimetricamente fora do lugar no universo impossibilitaria a sua existência. Levando em consideração a ordem e harmonização em Deus, e o fracasso de tudo que se realiza sem organização, é fundamental que todos aqueles que estão à serviço da Escola Dominical atentem-se para o funcionamento muito bem organizado da Escola, visando o cumprimento dos seus objetivos educacionais.

Esta Unidade está dividida em cinco capítulos. No primeiro capítulo, estudaremos a estruturação e organização física da Escola Dominical. No segundo capítulo, abordaremos a organização administrativa da Escola Dominical. No terceiro capítulo, aprenderemos sobre a Escola Dominical e sua organização curricular. No quarto capítulo, trataremos da organização pedagógica da Escola Dominical. E no quinto capítulo, falaremos sobre os principais recursos e materiais didático que são utilizados na Escola Dominical.

CAPÍTULO 1

Organização Física da Escola Dominical

Na unidade anterior, destacamos a necessidade da organização para o funcionamento saudável da Escola Dominical. Dentre os aspectos que precisam estar bem ajustados para que se obtenha êxito no ensino da Palavra de Deus, o espaço destinado para o funcionamento das classes é essencial.

Por muitos anos, prevaleceu a ideia de se construir templos grandiosos, privilegiando apenas o espaço destinado para a celebração do culto e os auditórios para grandes reuniões. Por esse motivo ainda encontramos, na maioria das Igrejas, improvisações com três, quatro ou cinco classes ocupando o mesmo espaço, prejudicando o aprendizado, tendo em vista que os professores precisam falar dispersivamente sobre assuntos diferentes e, para alunos e classes diferentes.

1.1 A estrutura das Classes

No momento das construções, o espaço para a Escola Dominical deve ser prioridade na planta da Igreja. É importante que seja prevista a quantidade de salas que serão necessárias para as classes, bem como a organização do espaço para uso do professor e do aluno, visando a dinâmica e aprendizagem em sala de aula. A Escola Dominical, portanto, deve funcionar em instalações apropriadas, tendo salas independentes.

O mobiliário deve ser apropriado com a faixa etária dos alunos, como aponta Tuler (2013, p. 23), há se prever em como mobiliar as salas com "móveis adequados não só para uso do professor e do aluno, mas para guardar o material de apoio".

E continua,

> Em se tratando de classes infantis, é uma questão à parte, pois as exigências têm outras peculiaridades. É um contrassenso colocar crianças assentadas em bancos ou carteiras para adultos, com as pernas soltas balançando no ar. É querer que elas se tornem irrequietas até perderem por completo o interesse pela aula. O correto é adquirir cadeiras e mesas pequenas, próprias para esta faixa etária.

Há professores que não querem dividir suas classes, preferindo mantê-las cheias, simplesmente por vaidade. Isso interfere diretamente no crescimento e aproveitamento do conteúdo proposto pela ED. É sempre necessário dividir para multiplicar. Uma classe que ultrapasse 30 alunos não consegue atingir e agregar a todos de forma igualitária. A possibilidade de ampliação das classes, bem como salas reservas devem ser previstas em projeto.

Todavia, se a sua Igreja local não dispõe de uma estrutura diversificada, tampouco pode estabelecer os padrões enumerados acima, não é motivo para que a Escola Dominical não funcione em sua Igreja. É possível adaptar-se às limitações físicas usando a criatividade e explorando maneiras diversas de utilizar o espaço. Marcos Tuler (2018, p.35) aponta algumas possibilidades para Igrejas que não possuem amplos espaços para agregarem seus alunos:

> a) Redimensionar o espaço disponível
> Um estudo criterioso apontará o espaço ocioso ou mal utilizado em sua Igreja. Quem sabe aquele quarto reservado aos entulhos e velharias não daria uma excelente sala de aula para a classe do maternal
> b) Aproveitar o espaço existente nas casas próximas à Igreja
> Muitos abnegados irmãos moram próximo à Igreja e, provavelmente, não se importariam em ceder algum espaço de suas casas para a instalação da Escola Dominical.
> c) Utilizar a estrutura das escolas particulares e públicas
> Geralmente, essas escolas não funcionam aos domingos.

Estabeleça um contato com a prefeitura e solicite a utilização desses espaços.

d) Realizar a Escola Dominical em dois turnos

Em algumas igrejas, as escolas dominicais funcionam em dois turnos, uma pela manhã e outra à tarde. As escolas seculares trabalham assim, porque não a igreja?

1.2 A biblioteca da Escola Dominical

Infelizmente, não são todas as Igrejas que possuem uma biblioteca em sua instalação. Como atestado anteriormente, muitas Igrejas têm como foco ampliar os espaços de celebração do culto, ou do auditório, para eventos e palestras, não reservando espaços para a área do ensino na Igreja. Da mesma forma que uma organização eficiente das salas e classes contribuem para o aprendizado dos alunos da ED, uma biblioteca enriqueceria de forma exponencial o aprendizado dos alunos. Uma biblioteca tem como finalidade apoiar, incrementar e fortalecer o projeto pedagógico das escolas dominicais. Além disso, valoriza a leitura literária em seu cotidiano e condiciona um acesso importante tanto para o professor como para o aluno. Muitos professores não têm condições de adquirir livros e literatura especializada para prepararem suas aulas para a ED. Da mesma forma, muitos alunos são de famílias carentes, ou não possuem renda fixa advinda de um trabalho que exerçam, o que dificulta o acesso aos livros e materiais de apoio às aulas.

Assim, a biblioteca da Escola Dominical pode prestar um grande serviço de apoio tanto aos professores como aos alunos que desejam ampliar seus conhecimentos acerca de temas importantes da fé, além de conscientizar as pessoas da necessidade de buscar o conhecimento da Palavra de Deus e se aperfeiçoar para o ministério glorioso do ensino da Palavra.

Uma biblioteca "completa" pode conter livros, revistas, jornais, folhetos, recortes, artigos, gravuras, slide, transparências, quadros murais, etc. A biblioteca é um jardim regado e cuidado, repleto de beleza. Uma biblioteca tem poder de erradicar o analfabetismo bíblico, problema que, cada vez mais, tem assolado a fé cristã. Tem o poder, também, de capacitar os professores atuais da Escola Dominical e aqueles que Deus ainda usará para ensinar a sua preciosa Palavra.

1.3 Estruturas administrativas

A Escola Dominical não se restringe ao aspecto pedagógico. Os aspectos administrativos devem estar muito bem organizados, uma vez que os principais dados restritos ao planejamento da ED, bem como as informações pessoais de cada aluno, contribuem para as principais tomadas de ação da Escola Dominical. Nesse sentido, é de suma importância que haja espaços físicos que possam armazenar os documentos importantes da ED, bem como proporcionar aos responsáveis por tais documentações, um ambiente mobiliado de forma adequada para organizar os documentos.

Recomenda-se que a Igreja disponibilize uma sala para instalação da secretaria da Escola Dominical e outra para a tesouraria. Caso não seja possível uma sala individual para casa setor, tal espaço pode ser compartimentalizado. Ressaltamos novamente que, na medida do possível, haja na Igreja espaços pedagógicos e administrativos destinados ao principal departamento de ensino e discipulado da Igreja, contudo, sabemos da dificuldade que algumas Igrejas enfrentam quanto a esse aspecto. Nosso conselho é que tudo seja realizado de acordo com a capacidade estrutural de cada Igreja, mas, sempre buscando a expansão e o aperfeiçoamento da Escola Dominical.

Questão para Reflexão

Pense sobre como a Escola Dominical de sua Igreja pode aproveitar espaços ociosos e utilizá-los para alguma finalidade pedagógica ou administrativa da ED.

CAPÍTULO 2

Organização Administrativa da Escola Dominical

A organização administrativa da Escola Dominical é a sua espinha dorsal. O departamento administrativo da Escola Dominical é a base que garante o pleno ritmo e desenvolvimento da ED, bem como quem delimita os passos a serem seguidos no dia a dia da escola. Esse setor é o setor estratégico que cuida dos relacionamentos com os diversos segmentos da Igreja, desde a diretoria àqueles que vão atuar de forma operacional na ED. Atua, também, no planejamento anual da escola, traçando metas e objetivos, tanto pedagógicos quanto acerca crescimento numérico e estrutural.

O coração organizacional da ED precisa ter uma equipe bem preparada e alinhada. Seus papéis devem ser bem definidos, com cada "funcionário" sabendo o que exatamente precisa fazer. Contudo, estamos falando de um setor administrativo à serviço do Reino de Deus, o que aponta para a necessidade de um preparo que não perpassa apenas pelas habilidades e competências naturais. Precisamos lembrar das palavras Gilberto (2020, p.30), que diz:

> De nada adianta muita organização e preparo, sem a operação do Espirito Santo. Dons naturais, personalidade atraente, eloquência, boa dicção, cultura erudita e outras boas coisas, podem influenciar temporariamente apenas.

> Tais coisas jamais serão suficientes em si, mas, podem ser vitalizadas e dinamizadas pela ação poderosa do Espirito Santo. E aí que está a diferença. E oportuno dizer que o Espirito Santo tem uma afinidade especial com a mente treinada, quando santificada.

Uma Escola Dominical plenamente desenvolvida deverá conter uma diretoria com os seguintes componentes: Pastor da Igreja, do Superintendente-Geral, do Vice Superintendente, do 1º Secretário e 2º Secretário, do Tesoureiro e seus respectivos auxiliares. Incluem-se nessa equipe os Recepcionistas, o Diretor Musical e o Bibliotecário. Uma observação é digna de nota, o número de componentes da diretoria da ED depende do tamanho da escola. Numa escola relativamente pequena, uma pessoa pode acumular funções, pois uma estrutura excessiva em uma escola pequena não passará de formalidade.

A seguir, apresentaremos o perfil de cada um dos cargos administrativos da ED.

2.1 O Pastor da Igreja

A presença do Pastor da Igreja em qualquer empreendimento na Igreja é essencial. Ele não pode apenas delegar autoridade para que os outros realizem tarefas na Igreja, mas também deve supervisionar e participar do processo. A ausência do pastor faz com que muitas atividades percam seu valor diante da comunidade, simplesmente porque ele não participa das mesmas. Se o pastor não demonstra interesse, como os membros se sentirão motivados? Se ele não vai à frente, como serão conduzidos os liderados?

Tuler (2013, p.25) aponta que, "o fracasso é a vala comum de muitas escolas dominicais porque o pastor não lhes dá o devido lugar na estrutura organizacional da Igreja". Gilberto (2020, p.40) demonstra a importância e a figura do pastor como peça-chave para o funcionamento da ED. Ele é:

> o primeiro obreiro da Escola Dominical pela natureza do seu cargo. E ele o real dirigente da Escola Dominical.
> · E o principal responsável pela Escola Dominical mediante sua atenção e ação.
> · Sua simples presença na Escola Dominical é um prestígio para a mesma.
> · Deve, sempre que puder, dirigir o estudo para professores

da Escola Dominical.

· Deve, sempre que puder, dirigir classes da escola (não uma classe fixa) a fim de ter contato com os alunos — suas ovelhas.

Por ser seu dirigente real, o Pastor deve se empenhar para que os crentes sejam contagiados por sua assiduidade na Escola Dominical. O pastor deve se organizar para não agendar ou realizar qualquer tarefa ou atividade no horário da Escola Dominical, uma vez que isso pode demonstrar sua pouca importância com a escola. Tuler (2013) sublinha o papel do pastor na Escola Dominical:

1) O pastor deve comparecer. Não há espaço para ausência do pastor na ED. Ele não pode destinar todo o trabalho e sucesso da Escola Dominical às pessoas responsáveis pelo seu bom funcionamento, a saber, sua equipe administrativa e pedagógica. Tuler (2013, p.26) conta-nos um interessante causo:

> Conta-se que em determinado domingo, e, como sempre, mãe solícita foi acordar o filho para ambos irem à Escola Dominical. Cansado do dia anterior, com o corpo todo dolorido, não esboçou nenhuma reação. Seu desejo era ficar na cama até mais tarde. Aproveitar bem o domingo. Mas a insistência da mãe foi tanta que ele, ainda sonolento, pediu-lhe três razões porque deveria ir à Escola Dominical naquele dia. Ela não fez por pouco e prontamente respondeu: "Em primeiro lugar, você precisa estudar a palavra de Deus. Em segundo lugar, você já passou dos 40 anos e, em terceiro lugar, você é o pastor da Igreja!".

2) O pastor deve participar. Se sua presença já é peça-chave, que dirá sua participação ativa nas atividades do departamento. Como atestado anteriormente por Gilberto (2020), ele pode assumir de forma alternada a aula dominical de alguma classe, afim de se aproximar de seus membros. Quem sabe, ser um professor fixo da classe de obreiros.

3) O pastor deve incentivar seus auxiliares de ministério e líderes de departamentos. É inadmissível que os companheiros de ministério, tais como, evangelistas, presbíteros, diáconos e outros obreiros auxiliares não sejam alunos assíduos da Escola Dominical e no processo de ensino da Igreja. Se os líderes não frequentam ou tampouco valorizam a Escola Dominical, como convencerão seus liderados da importância e da necessidade da ED? Que exemplo tais líderes estão deixando para eles? Os líderes da Igreja devem ser constantemente incentivados pelo pastor a participarem assiduamente da ED.

4) O pastor deve investir na Escola Dominical. A Escola Dominical precisa de recursos financeiros para aquisição de materiais didáticos adequados para o bom ensino da Palavra de Deus; Capacitação constante de pessoas para que exerçam o ministério do ensino da Palavra com sabedoria e eficácia. Deve partir do pastor local a preocupação com a verba destinada à ED, com o intuito de fortalecer cada vez mais o principal departamento de ensino da Igreja. Não é gasto, é investimento.

5) O pastor deve priorizar a Escola Dominical e nunca substituí-la. Por ser a maior agência de ensino da Igreja, a Escola Dominical não pode ter o seu espaço dividido com outras atividades. Muitas vezes, a Escola Dominical tem sido substituída, ou até mesmo suspensa, para que outras atividades da Igreja aconteçam naquele horário. O aluno vem para a Igreja e acaba sendo surpreendido com a suspensão da ED em função de atividades esporádicas. Tuler (2013, p.28) aponta para duas consequências que podem surgir dessa substituição da Escola Dominical por outros eventos:

> A primeira tem a ver com o currículo das lições, principalmente em relação às classes infanto-juvenis. Uma lição que se deixa de estudar no domingo é a perda do elo entre as anteriores e as seguintes. Quebra a lógica do comentário. O aprendizado fica incompleto.
> A segunda tem a ver com o desestímulo. À medida que se torna hábito substituir a Escola Dominical por outra atividade, os alunos acabam frustrados e desestimulados em continuar participando de um departamento da Igreja que, por força de circunstâncias alheias à sua vontade, não tem o menor respeito com eles.

Ele ainda sugere duas sugestões para contornar tal problema:

a) Quanto às classes infanto-juvenis, haja o que houver, não devem ser suspensas até porque, geralmente, funcionam em salas separadas do auditório principal.

b) Quanto às classes de adultos, pode se adotar em último recurso as seguintes alternativas: abrir-se um parêntese no programa substituto para a apresentação da lição em classe única, ou transferir-se o estudo para o chamado culto de doutrina da Igreja, no meio da semana, com a exposição feita pelo próprio pastor. Mas lembre-se: é o último recurso. Não deve transformar-se em regra. O melhor mesmo é não substituir a Escola Dominical por nada.

6) O pastor deve incentivar os crentes a participarem efetivamente da Escola Dominical. Como líder da Igreja, o pastor assume a função de influenciar de forma direta seus liderados, sejam àqueles que atuam na liderança dos diversos departamentos, quanto dos membros em geral. Sabemos que a palavra do pastor carrega um peso imenso, e tem o poder produtivo de gerar ações e condutas. Se ele disser que o ensino da Palavra de Deus é importante, todos se voltarão para esta finalidade. Entretanto, a melhor forma de incentivar e motivar os membros da Igreja ainda é a valorização da Escola Dominical como a principal agência ensinadora da Igreja. Quando isso acontece, não há barreiras que impeçam a presença massiva dos membros da Igreja na ED. Não haverá dificuldade com os recursos financeiros, pois serão entendidos como investimento no Reino de Deus e não como despesas; não haverá dificuldade em organizar as classes, seja no aspecto estrutural e técnico, como nos aspectos pedagógicos, tendo em vista que haverá recursos humanos, financeiros e técnicos destinados à ED. Tudo cooperará para que a ED alcance seu padrão ideal.

Vejamos algumas sugestões que podem ajudar o crente a tornar-se aluno assíduo da Escola Dominical (TULER, 2013, p.29):

a) Ocupar um espaço, no culto de domingo à noite, para falar da Escola Dominical, fazendo um breve resumo dos fatos mais importantes daquela manhã;

b) Realizar a cada domingo, após a Escola Dominical, um culto devocional com a participação de departamentos musicais escalados, incluindo uma fervorosa mensagem;

c) Dizer ao aluno, de forma positiva, que sua ausência foi sentida por todos no domingo anterior;

d) Visitar o aluno, quando este, por doença ou qualquer outro motivo, afastar-se temporariamente da Escola Dominical;

e) Assistir ao aluno em suas dificuldades pessoais e encaminhá-lo, se necessário, aos serviços de apoio da igreja, tais como aconselhamento e assistência social.

2.2 Superintendente-geral

A respeito do cargo de Superintendente da Escola Dominical surgem as principais perguntas: O que é o superintendente da Escola Dominical? Qual a natureza desse cargo? Temos na Bíblia algum antecedente?

A palavra *superintendente* é originária do latim, e significa aquele que superintende. Ou seja: aquele que dirige na qualidade de chefe, que inspeciona e supervisiona. Como sinônimo para *superintendente* podemos utilizar, a saber, diretor. Segundo Andrade (2000, p.23),

> O superintendente da Escola Dominical, por conseguinte, é o obreiro encarregado de administrar, inspecionar e dirigir o principal departamento da Igreja. É a sua função básica manter a E.D. funcionando perfeitamente para que esta venha a alcançar todos os seus objetivos.

No Antigo Testamento, os cargos de inspetor, encarregado, capataz, superintendente são derivados da palavra hebraica *phaqid*, e estava ligada, especialmente, à manutenção da Casa de Deus (2Cr 31.13; 34.10, 12,17). Por ocasião da consagração do Templo, quando Davi e Salomão decidiram pela organização dos levitas em turnos, a fim que se encarregassem dos louvores, da guarda do santuário e dos diversos serviços sagrados do Templo. Já no Novo Testamento, a palavra grega *episcopos* é usada como sinônimo de superintendente. Tendo em vista que essa palavra corresponde às tarefas dos bispos, temos em português a definição precisa de: inspecionar, supervisionar e observar atentamente.

Quanto à possibilidade do uso intercambiável dos termos "diretor" e "superintendente", alguns concordam que o melhor termo a ser utilizado seria o de diretor, uma vez que, no Brasil, os dirigentes de escolas seculares são conhecidos como diretores e não como superintendentes. Outros, todavia, há décadas que o responsável pela Escola Dominical vem sendo chamado de superintendente, uma herança que recebemos dos norte-americanos, e tem correspondido às necessidades da Igreja brasileira. O mais importante é destacado por Andrade (2000, p.25):

> Superintendente, ou diretor, tem este obreiro uma grande responsabilidade diante do Senhor Jesus e de sua Igreja. Como já o dissemos, é ele o encarregado de fazer a Escola Dominical funcionar perfeitamente, a fim de que os seus objetivos sejam plenamente atingidos.

Quanto às qualificações e tarefas que devem ser executadas pelo Superintendente da Escola Dominical, Antonio Gilberto (2020, p.40-42) destaca as seguintes:

1. Deveres gerais

a. *Que seja um homem da Bíblia;* que conheça bem a Bíblia.

b. *Conhecer bem* o trabalho em geral da Escola Dominical e todo seu esquema de funcionamento.

c. *Orientar* sempre os secretários e professores em tudo que for preciso.

d. *Zelar* pela boa e sadia doutrina segundo a Palavra de Deus.

e. Promover entre os professores a divulgação e leitura de obras de consulta e referência sobre o trabalho deles.

f. Fazer sempre anúncios e comunicações em benefício da escola.

g. Ter sempre em mente que organização e preparo sem a direção e operação do Espírito Santo é fracasso na certa.

h. Providenciar o material necessário a professores e alunos para o funcionamento geral da escola.

i. Procurar manter completa a direção da Escola, a qual é composta conforme já foi exposto.

j. Procurar manter completo o quadro de professores, tendo cada classe professor, suplente e secretário, e ainda bom número de professores de reserva para as emergências e imprevistos.

k. Antes de indicar um irmão para matrícula no corpo de professores, verificar primeiro se o mesmo é membro da igreja, se é fiel, dedicado, humilde, obediente, estudioso da Palavra, desejoso de trabalhar para o Senhor, que goste de orar, seja despretensioso, disciplinado, ordeiro, capaz de trabalhar em grupo e, que se tiver que discordar, saiba fazê-lo dentro da ética, sem ofender e indispor seus pares.

i. Dirigir as reuniões de estudo bíblico para professores, não significando isso, que tenha que dirigir o próprio estudo bíblico. O pastor pode dirigir o estudo, ou outro obreiro da Igreja, conforme for estabelecido. Depende do que for combinado com o pastor.

m. O dirigente deverá sempre ver quanto à Escola Dominical:

- *Seu rumo:* Para onde está indo a escola?
- *Sua promoção:* Que está sendo feito para promover a escola?
- *Sua avaliação:* Estão os professores nas classes certas e funcionando a contento?
- *Sua motivação:* Que está sendo feito para manter o princípio da variedade, evitando a rotina fixa?

2. Deveres semanais do dirigente da Escola Dominical

Deveres aos domingos:

a. *Chegar cedo.* Verificar a arrumação da escola. Nada feito na última hora.

b. *Dirigir a reunião* da Escola Dominical segundo as diretivas traçadas pelo pastor.

c. *Divulgar e promover* a venda de revistas da Escola Dominical.

d. *Providenciar visitas* para professores enfermos, etc.

3. Deveres trimestrais do dirigente da Escola Dominical:

a. *A matrícula trimestral*; lembrar ao secretário no fim do trimestre.

b. *Ao iniciar o último* trimestre do ano, providenciar o material escolar (formulários e livros) para o funcionamento da escola no ano seguinte.

4. Deveres anuais do dirigente da Escola Dominical:

a. Comemoração de datas festivas

Dependerá de resolução e orientação pastoral.

Algumas datas festivas:

- Dia Nacional da Escola Dominical (3º domingo de setembro)
- Dia Mundial da Escola Dominical (1º domingo de novembro)
- Dia da Bíblia (2º domingo de dezembro)
- Dia de Natal (25 de dezembro)
- Dia Nacional de Missões (2º domingo de agosto.)

Os assuntos apresentados nessas datas, deverão ser de acordo com o tema comemorado no dia.

b. *Visita a cada escola filial*, no mínimo uma vez por semestre.

c. *Ao aproximar-se o fim do ano*, cuidar junto ao secretário, do preparo dos relatórios e eventos de fim de ano.

O Vice Superintendente ou Vice Dirigente, deve atentar-se para todas essas recomendações, haja vista que em algum momento substituirá o Superintendente.

2.3 Secretário e seus auxiliares

O Secretário é o coração administrativo da Escola Dominical. Por ele passam as principais informações de todas as áreas da ED. Matrículas, fichários e arquivos, relatórios, testes, concursos e pesquisas bíblicas para alunos, entre outros. Quando a Escola Dominical possui um secretário comprometido e eficiente, os dados acerca do estado da Escola Dominical estão sempre disponíveis para o acesso do dirigente da escola, facilitando as tomadas de decisões, no que diz respeito à sua manutenção e expansão.

Antonio Gilberto (2020, p.42-44) destaca as principais funções do Secretário da ED:

1. Deveres gerais do secretário da Escola Dominical:

a. *Conhecer* e saber executar todos os trabalhos pertinentes à secretaria da Escola Dominical, bem como orientar seus auxiliares no trabalho que tenham a fazer.
b. *Providenciar* anúncios a tempo. O dirigente pode esquecer ou estar muito ocupado.
c. *Providenciar* para que haja sempre na secretaria da escola o material necessário ao bom funcionamento da mesma. Isto inclui formulários, livros e material auxiliar de ensino.
d. *Auxiliares do secretário.* Nas escolas grandes, o secretário deve ter auxiliares para cuidar da matrícula, fichário, transferência de classe, arrumação de salas, venda de revistas, distribuição de material a professores, etc.

2. Deveres semanais do secretário da Escola Dominical:

a. Deveres aos domingos:

(1) *Chegar* cedo e verificar a arrumação da escola.

(2) *Ter prontas* para distribuição, as cadernetas de chamada ou outro sistema de frequência adotado.

(3) *Preparar* o relatório dominical com todo esmero, para lê-lo ao ser convidado. Em escolas com mais de 15 classes, o secretário precisará de auxiliares para poder apresentar o relatório na hora precisa, ou preencher o quadro do relatório.

b. Deveres no restante da semana:

(1) Manter o fichário atualizado.

(2) Matricular os novos alunos cujos cartões de matrícula chegaram à secretaria da escola no último domingo.

Após a matrícula na caderneta, o cartão vai para a seção ATIVO do fichário. Se o aluno tem menos de 18 anos, lançar no verso do cartão, por antecipação, o mês e o ano das futuras transferências de classe, obedecendo aos limites de permanência nas classes, conforme o grupo de idade.

3. Deveres trimestrais do secretário da Escola Dominical.

Na primeira semana de cada trimestre, preparar o movimento do trimestre que findou.

4. Deveres anuais do secretário da Escola Dominical.

Início do ano.
a. *Preparar* relatórios do ano inteiro.
b. *Transferência* de alunos. Primeira semana de janeiro. As idades, para fins de matrícula e limite de permanência na classe, acham-se na primeira parte desta unidade.
c. *Auxiliar na promoção* da campanha de leitura anual da Bíblia.
d. *Arquivar o material* usado no ano anterior.

2.4 Tesoureiro e seus auxiliares

O cargo de tesouraria da Escola Dominical exige muita responsabilidade. O Tesoureiro deve ser escolhido mediante boa reputação e recomendação dos demais componentes da diretoria da ED. Sua função principal é contabilizar as ofertas e administrar a movimentação do caixa. Precisa, também, conferir nas cadernetas o valor das ofertas entregues a ele e fazer o registro no livro ou planilha. Quanto à prestação de contas, dependendo do que foi estabelecido em regimento interno, deverá prestar contas à tesouraria da Igreja ou ao Superintendente da Escola Dominical.

2.5 Recepcionistas, o Diretor Musical e o Bibliotecário da Escola Dominical

Os recepcionistas e introdutores podem ser os mesmos que atuam servindo à Igreja por ocasião da celebração dos cultos. Eles são importantíssimos na orientação geral, tanto para visitantes, como para os alunos. O papel deles é fundamental, pois as pessoas gostam de estar em lugares onde são bem recebidas e tratadas, como aponta Gilberto (1998, p.151):

> Falando de porteiros e introdutores ou recepcionistas numa Escola Dominical, lembremo-nos que o povo entra onde é convidado, e fica onde é bem tratado. Ninguém é obrigado a

> ficar num lugar onde não é bem recebido nem bem tratado. O dirigente da Escola Dominical precisa pensar nisso.

O Diretor Musical tem uma função dupla na Escola Dominical. A primeira função é agir em concordância com a liderança da ED para organizar os hinos e louvores, de acordo com o tema e os assuntos de cada aula dominical. Seu papel é instruir os músicos e instrumentistas quanto ao culto e a adoração a Deus com dedicação, alegria e disposição. A segunda função é "trabalhar no setor infantil, no ensino do canto, ressaltando a importância do louvor, ensaiando programas musicais, preparando números especiais para diferentes vozes, ajudando na parte musical do culto infantil, etc" (GILBERTO, 2020, p.30).

O Bibliotecário da Escola Dominical exerce uma função nobre. Seu trabalho possibilita formação e informação sobre assuntos relacionados com a Palavra de Deus. É função do Bibliotecário conhecer as diversas áreas conhecimento teológico, bíblico e doutrinário de sua denominação, uma vez que é através desses dados que ele organizará um projeto de uma biblioteca para a Igreja que atenda às necessidades da Escola Dominical. É de suma importância que o Bibliotecário goste de ler, de preferência que seja formado em Teologia, para que a Biblioteca da Igreja seja abrangente e regada de obras importantes para o conhecimento da Palavra de Deus e edificação das pessoas da comunidade.

Seu trabalho não se resume à elaboração de um projeto de uma biblioteca, mas a organização e catalogação dos diversos materiais disponíveis na mesma, livros, revistas, jornais, periódicos, folhetos, recortes, etc. Além disso, deverá viabilizar o acesso às obras e informações desejadas pelos professores e alunos, bem como divulgar e apresentar novas aquisições com publicações de interesse dos mesmos.

Seu trabalho é essencial para a Escola Dominical, uma vez que,

> A Biblioteca tem como finalidade ser um eficiente meio para oferecer aos professores, alunos e crentes em geral, subsídios de estudo, ou seja, recursos para encontrem respostas para as suas dúvidas e para facilitar a compreensão de assuntos que necessitam de estudos mais aprofundados, de modo a crescerem no conhecimento da Palavra de Deus e glorificá-lo. (ARAÚJO; RIBEIRO, 2008, p.144)

Questão para Reflexão

Vimos nesse capítulo a importância e centralidade da organização administrativa da ED para o seu bom funcionamento. Reflita acerca da organização administrativa da ED de sua Igreja, e como pode ser aperfeiçoada a partir das informações estudadas nesse capítulo.

CAPÍTULO 3

Organização Curricular da Escola Dominical

A educação cristã, de forma semelhante à educação secular, deve ser devidamente organizada e fundamentada numa proposta curricular previamente pensada. A dinâmica do ensino, bem como o seu sucesso em formar o aluno para viver de acordo com a moral, a ética e as práticas cristãs, dependem de uma formação muito bem estruturada na proposta curricular e no seu perfeito cumprimento. Nesse capítulo, abordaremos a organização curricular da Escola Dominical, sua definição, sua necessidade e importância para a formação integral dos alunos da ED.

3.1 O que é um currículo de Escola Dominical?

Acredito que essa seja a pergunta de muitos de nossos alunos. O que é um currículo? O que é um currículo escolar? E como ele pode ser adaptado aos objetivos da principal agência ensinadora da Igreja? Vejamos.

A palavra currículo vem do latim *curriculum*, e significa literalmente, curso, correr, carreira, corte, atalho. Como aponta Tuler (2013, p.32), "Em sentido mais amplo, currículo é a soma dos resultados da aprendizagem planejada e alcançada por uma instituição de ensino. É o modo de organizar as práticas educativas". Não podemos chamar de currículo uma única matéria, mas um grupo de matérias ideologicamente encadeadas e orientadas, e que tenham como objetivo a formação integral do aluno na área de conhecimento desejada e escolhida por ele.

Assim, o currículo escolar é o caminho que o estudante deve trilhar durante toda a sua permanência na escola. Nele, estão organizados todos os conteúdos básicos para que o aluno esteja apto para lidar com as exigências sociais no que diz respeito à formação educacional. Quando nos referimos à formação secular, o currículo escolar é pré-definido e constituído a partir da Base Nacional Comum Curricular (BNCC), definida pelo Ministério da Educação e Cultura (MEC).

O BNCC é, portanto, um documento normativo que define os conteúdos considerados essenciais e que todos os estudantes devem ter acesso e supostamente aprender. Ele deve ser devidamente seguido tanto por escolas públicas como privadas, a fim de oferecer, de forma igualitária, uma formação comum a todos e oportunidades semelhantes a todos os alunos. Embora seja definido pelo MEC, o currículo não é algo engessado, estático. Pelo contrário, ele é orgânico, dinâmico e adaptável de acordo com a realidade, metodologia e proposta pedagógica de cada escola. E qual é a especificidade do currículo da ED em relação ao currículo escolar secular?

O currículo da Escola Dominical tem a mesma finalidade do currículo escolar secular, ou seja, definir os conteúdos considerados essenciais e que todos os alunos devem ter acesso e supostamente aprender. Todavia, o que torna o conteúdo do currículo da Escola Dominical diferente são justamente os conteúdos e objetivos que se almejam alcançar, como aponta Gilberto (2020, p.81):

> É um grupo de assuntos constituindo um curso de estudos, planejado e adaptado as idades e necessidades dos alunos. Em outras palavras, são os meios educacionais adotados, visando os objetivos do ensino. Um currículo de Escola Dominical deve preencher os seguintes requisitos:
> · Apresentar Cristo como o centro da nossa vida.
> · Visar a edificação da igreja como um todo.
> · Visar o crescimento espiritual individual.

Ainda de acordo com Gilberto (2020), o currículo deve ser abrangente, pois precisa abarcar os principais assuntos bíblicos que são necessários para o conhecimento bem como a experiência de cada crente. Esse processo deve ser realizado de maneira adequada e graduada, levando em consideração cada faixa etária dos alunos da Escola Dominical.

Tuler (2013, p.34) apresenta-nos uma definição ampla acerca do currículo da Escola Dominical:

> É um conjunto de dados relativos à aprendizagem da Bíblia Sagrada, organizado para orientar as atividades da Escola Dominical, as formas de executá-las e suas finalidades. A concepção de currículo neste particular inclui os aspectos básicos que envolvem os fundamentos doutrinários e teológicos da educação cristã.

Desde a sua organização e construção, bem como a sua aplicação na sala de aula, o currículo passa por um caminho. Todo currículo, toda educação tem uma filosofia própria. Não há ensino em ambiente neutro. Assim acontece, também, com os evangélicos. Por isso, todo currículo tem uma filosofia, uma ideologia. Significa dizer que, "há sempre uma abordagem específica para o ensino, que reflete um conjunto de suposições e pressuposições sobre a natureza e o propósito da educação" (TULER, 2013, p.34).

Andrade (2002) aponta que, nos países democráticos, a liberdade e o respeito pelos direitos humanos são ideais que estão presentes em sua filosofia educacional. Já nos países totalitários, a supremacia do Estado sobre o cidadão é tema ideológico do currículo. Marcos Tuler (2013), lembra-nos que a educação nazista tinha como objetivo preparar as crianças para serem soldados, de acordo com a filosofia e ideologia nazista.

Podemos afirmar, portanto, que toda educação é finalista, ou seja, tende a um fim, um objetivo específico. Esses "fins" variam de inúmeras formas, tendo em vista a variedade daqueles que educam, a saber: os pais, os professores, as escolas, o governo, a Igreja etc. Em sua essência, toda educação é teleológica, ou seja, é um processo que visa atingir um fim específico, um objetivo final. Nesse sentido, como cristãos não podemos estabelecer a nossa filosofia educacional em concepções que não estejam de acordo com as Sagradas Escrituras, como aponta Tuler (2013, p.35):

> A educação cristã está firmada em uma concepção bíblica da realidade, da verdade, e da moralidade, como base para seu

conteúdo curricular e prática educativa. Contudo, preferimos afirmar que a educação cristã não se baseia propriamente em uma filosofia, mas em uma teologia centrada na Bíblia.

Quanto à substituição de uma "filosofia" por uma "teologia" educacional, Andrade (2002, p.127) revela o porquê da necessidade de utilizarmos o termo de teologia e não filosofia, para a elaboração de nosso currículo educacional:

> No âmbito da Educação Cristã, não se tem propriamente uma filosofia, mas uma teologia centrada na Bíblia. Se a filosofia é especulativa, a teologia é revelada; se aquela comporta as mais extravagantes interpretações, destaca-se esta pelo equilíbrio; se a primeira muda com o tempo, a segunda, apesar das roupagens culturais, é imutável. Pode-se alterar uma filosofia, mas não a teologia. Eis porque a Teologia da Educação Cristã é superior a todas as filosofias educacionais.

A Educação Cristã está fundamentada na Palavra de Deus, e assim como a Escritura Sagrada é riquíssima em conteúdos e bênçãos espirituais, nossos professores podem elaborar currículos para edificar suas comunidades de fé em suas áreas mais carentes. Não podemos abrir mão da Palavra de Deus no desenvolvimento do currículo educacional da Escola Dominical. Não podemos abrir mão da ortodoxia bíblica.

Além de uma teologia própria, Tuler (2013, p.35-36) sublinhas as principais características do currículo da Escola Dominical:

> - Abrangência. Reúne diversas matérias, atividades, vivências, recursos, formas de avaliação etc. Uma única matéria não pode ser chamada de currículo. Um determinado livro-texto ou revista de Escola Dominical não constituem um currículo. Há um sentido de progressividade e completude em relação às faixas etárias.
> - Harmonia e unidade. As matérias reunidas em um currículo de Escola Dominical são ideológica, teológica e biblicamente orientadas. O currículo

inteiro tem um sentido interdisciplinar. Ou seja, todas as matérias estão interligadas entre si. Todas as disciplinas visam a formação integral do aluno. O tipo de aluno que pretendemos formar.

- Encadeamento lógico. Há uma sequência lógica, ou seja, os temas são encadeados entre si, e não entrecortados. Os estudos bíblicos propostos no currículo são interdependentes, e há, também, uma hierarquização entre eles.
- Flexibilidade. Há a possibilidade de o professor reescrever o conteúdo curricular, adaptando-o à realidade, necessidades e expectativas de seu público-alvo. O professor não precisa passar os conteúdos didáticos em sua íntegra, como se todas as comunidades, igrejas, classes e alunos, tivessem as mesmas necessidades e expectativas. Pois, nenhum currículo é completo e perfeito. Todavia, isso não significa que seja preciso mudar os fundamentos filosóficos e pedagógicos do currículo, ou mesmo substituí-lo. O professor poderá readaptá-lo e torná-lo plenamente aplicável à sua realidade.

3.2 Quem elabora o currículo?

A elaboração do currículo não é realizada de forma individual e solitária. É, na verdade, um trabalho em equipe, e demanda diversas coisas, como aponta Andrade (2002, p.128), "uma filosofia, um planejamento educacional, um planejamento curricular, um planejamento de ensino, um planejamento de unidade e um plano de aula, tendo-se em vista, sempre, os objetivos do ensino". Como atestado anteriormente, o planejamento educacional é tarefa do Ministério da Educação; o planejamento curricular é tarefa da escola; o planejamento de ensino, de unidade e o plano de aula é função do professor. Ele (o professor) tem a tarefa de adaptar o currículo de acordo com a realidade da escola. Entretanto, é o orientador pedagógico quem, em última instância, realiza o trabalho árduo de elaborar o currículo, a partir de uma reflexão aprofundada acerca dos propósitos da educação, seja secular ou cristã. Em linhas gerais, ele é responsável por comandar a equipe incumbida do planejamento educacional.

Quanto à sua função, Andrade (2002, p.129) diz:

> Orientado pela Lei de Diretrizes e Bases do Governo Federal, este profissional elabora os currículos que, discutidos e aprovados pelo Conselho Federal de Educação, são por este repassados aos conselhos estaduais de educação que, por seu turno, enviam-nos às instituições públicas e particulares de ensino. Os orientadores pedagógicos do Conselho Federal de Educação, órgão este subordinado ao Ministério da Educação e Cultura, elaboram currículos com base na realidade global do país, sem detalhar as particularidades de cada região. Eles apresentam um currículo padrão que será adaptado pelos conselhos estaduais de educação e pela direção de cada escola às realidades sociológicas regionais.

As denominações evangélicas seguem o modelo adotado pelo país, contudo, esse modelo foi devidamente adaptado para a realidade da educação cristã. Semelhantemente ao que ocorre nos órgãos governamentais, diretrizes e bases foram elaboradas e estabelecidas a fim de que a Educação Cristã cumpra suas metas de forma integral, além de contarmos com a ajuda de orientadores pedagógicos competentes e devidamente capacitados para tal tarefa.

3.3 A Duração do currículo

A duração do currículo da Escola Dominical dependerá de seu planejamento. Tendo em vista que um bom currículo de Escola Dominical tem como objetivo atingir uma soma de objetivos educacionais, e oferecer um conhecimento amplo das várias áreas do conhecimento bíblico-teológico, a duração do currículo deve ser pensada e organizada de forma eficiente para que esse processo se concretize, sempre levando em consideração a capacidade de assimilação dos alunos, de acordo com cada faixa etária. Seguimos a proposta de Tuler (2013, p.37), pois evidencia a base mínima para que o currículo seja devidamente aproveitado e produza uma formação continuada e integral do cristão:

> O currículo pode retornar para mais um ciclo de estudos de 2 ou 3 anos (2 anos para o Berçário, Maternal, Jardim, Primários, Juniores, Pré-adolescentes e Adolescentes, e 3 para Juvenis). Isso acontece com currículos de todas as faixas etárias de qualquer editora que publique currículos de Escola Dominical. Quando um currículo retorna, não

significa que está sendo simplesmente repetido, e sim que seu ciclo de estudos foi concluído.

Esse modelo proposto não dificulta o ingresso de alunos em qualquer trimestre na Escola Dominical, pois, assim como na escola secular, é o aluno que passa pelo currículo, tendo que estudar a revista/lição que está em curso naquele momento, no currículo correspondente a sua faixa etária. Nesse aspecto, o aluno não é prejudicado, tampouco deixa de estudar todas as revistas que correspondem à cada faixa etária, na medida em que for alcançando a idade correspondente.

Questão para Reflexão

Pense sobre a necessidade do currículo da Escola Dominical ser bíblico e devidamente compromissado com a formação devocional.

CAPÍTULO 4

Organização Pedagógica da Escola Dominical

A organização pedagógica da Escola Dominical diz respeito ao suporte pedagógico e espiritual destinado aos professores e alunos. O respaldo recebido através da equipe pedagógica da Escola Dominical possibilita o sucesso do processo de ensino/aprendizagem, ou seja, a tarefa de ensino dos professores, e a aprendizagem dos alunos. É nesse espaço que ações são tomadas de forma sistematizada para que nenhum percalço atrapalhe o processo de implementação daquilo que foi planejado por toda a equipe da Escola Dominical no que tange à realização do ensino/aprendizagem. Nesse capítulo falaremos sobre a composição da equipe pedagógica da Escola Dominical; a organização dos departamentos e das classes e sobre a promoção dos alunos.

4.1 Equipe pedagógica da Escola Dominical

A equipe pedagógica da Escola Dominical é formada pelo Superintendente, juntamente com os professores da ED. Essa equipe se reúne no começo de cada ano letivo, tendo como meta organizar um plano de ação para que as metodologias, os objetivos e os recursos programados para a Escola Dominical sejam alcançados, além da elaboração do calendário anual de atividades. As decisões tomadas pela equipe pedagógica da Escola Dominical devem estar orientadas à efetivação do ensino da Palavra de Deus e para a formação integral do crente, por isso, precisam se atentar para os diferentes fatores que podem tanto contribuir para que a Escola Dominical cumpra seu objetivo, como para aqueles que podem dificultar o processo de aprendizagem.

O superintendente da Escola Dominical deve oferecer todo o material necessário para todos os alunos e professores, tais como revistas, recursos pedagógicos, recursos de multimídia, entre outros. Além de estimular e incentivar seus professores e auxiliares na prática de suas atividades pedagógicas. A equipe precisa reunir-se periodicamente para uma avaliação do planejamento anual, bem como para avaliação das atividades realizadas pelos professores, para verificação do aproveitamento dos alunos e soluções de problemas que foram identificados durante o processo de ensino/aprendizagem.

Os professores e seus auxiliares são os membros mais ativos da equipe pedagógica da Escola Dominical. Uma vez que estão mais próximos dos alunos, são importantíssimos para o aperfeiçoamento da ED. Eles são os primeiros a identificar as dificuldades com os materiais didáticos, com os espaços destinados para as aulas, tais como classes e auditórios, bem como o processo de aprendizagem de sua turma. Seu *feedback* é importantíssimo para a equipe pedagógica acionar as mudanças necessárias e reorganizar a ED de forma produtiva e eficaz. Na próxima unidade, apresentaremos de forma ampla a importância e as características do professor da Escola Dominical.

4.2 Organização dos Departamentos e das Classes

Uma Escola Dominical pedagogicamente organizada agrupa seus alunos por idade, dividindo seus alunos em departamentos e classes para melhor aproveitamento do processo de ensino/aprendizagem e condução dos trabalhos pedagógicos. O aluno é o elemento mais importante da Escola Dominical, ela só existe por sua causa! Como aponta Gilberto (1998), não é o aluno que deve se adaptar à escola, mas a escola adaptar-se ao aluno. Por isso, cada Igreja deve dividir as classes de acordo com sua necessidade e sempre com o objetivo de atender a realidade da Igreja e dos seus alunos.

O grande propósito do agrupamento de alunos por idade e classes, é a eficácia do ensino. Poderíamos utilizar a metáfora da alimentação familiar. Numa casa, a alimentação varia entre as crianças e adultos. Assim é na Escola Dominical. Gilberto (2020, p.33) organiza a Escola Dominical em oito agrupamentos ou divisões de classes, vejamos na tabela a seguir:

IDADE	CLASSE
Até 3 anos de idade	Berçário
4-5 anos de idade	Jardim de Infância
6-8 anos de idade	Primários
9-11 anos de idade	Juniores
12-14 anos de idade	Intermediários
15-17 anos de idade	Secundários
18-24 anos de idade	Jovens
25... anos de idade	Adultos

Gilberto (2020) sublinha, também, que cada departamento deve conter sua própria comissão e atuar para o bom desenvolvimento expansão de sua classe. Ele sugere, ainda, que a Escola Dominical deve conter, pelo menos, mais três departamentos que não necessariamente são organizados por faixa etária, a saber: de obreiros, novos convertidos e do lar e extensão. Esse último, aponta ele, são:

> Para alunos de qualquer idade que queiram participar da Escola Dominical, mas que só podem frequentar suas reuniões mui irregularmente, ou raramente podem, por motivos imperiosos. No setor de Extensão, o campo é vasto: hospitais, prisões, internatos, orfanatos, grupos de estrangeiros etc. Tudo isso pode ser alcançado por visitas, correio ou telefone.

Alguns especialistas acreditam que esses agrupamentos necessitam ser subdivididos, tendo em vista que em alguns departamentos a faixa de idade entre os alunos é muito diferente, como no caso da classe dos adultos. Sugerimos que a organização dos departamentos, bem como suas subdivisões, reflita sobre o propósito da organização dos mesmos, ou seja, o aproveitamento e desenvolvimento do aluno no processo de ensino/aprendizagem. Cada ação ligada à organização das classes e departamentos precisa ser realizada de acordo com a extensão da

Escola Dominical e do departamento em si.

As classes e departamentos enumerados nesse capítulo são apenas modelos básicos que podem ser aperfeiçoados e administrados conforme as condições pessoais e materiais de cada Escola Dominical. A organização departamental da Escola Dominical deve seguir uma coerência em relação ao número de alunos matriculados e espaços físicos disponíveis para ela. O quadro abaixo propõe critérios básicos para a organização da ED em departamentos:

ALUNOS	DEPARTAMENTOS	IDADES
Até 25	Dois	
	Dep. Infantil	Até 11 anos
	Dep. de Jovens e Adultos	12 anos para cima
Até 100	Três	
	Dep. Infantil	Até 11 anos
	Dep. de Intermediários	12 a 14 anos
	Dep. de Jovens e Adultos	15 anos para cima
Até 200	Quatro	
	Dep. Infantil	Até 8 anos
	Dep. de Intermediários	9 a 14 anos
	Dep. de Jovens	15 a 24 anos
	Dep. de Adultos	25 anos para cima
Acima de 200	Todos os departamentos	

4.3 O Dia da promoção dos Alunos

A promoção dos alunos da Escola Dominical é um aspecto importantíssimo para o cumprimento da proposta curricular. Como atestado anteriormente, o currículo da Escola Dominical é organizado para atender as demandas e necessidades dos alunos, a partir dos estudos específicos para cada faixa etária. Quando o aluno cumpre o tempo máximo estabelecido para sua permanência na classe ou departamento, é importantíssimo que sua promoção aconteça, primeiramente, porque precisa avançar para o conteúdo bíblico-teológico proposto no currículo. Além disso, o aluno não pode permanecer em uma classe cujo ciclo já realizou, tendo em vista seu descontentamento ou desconforto em continuar numa classe que não corresponde a sua faixa de idade. A promoção, entretanto, não deve ser realizada de forma abrupta, sem o aluno ter concluído o ciclo estabelecido pelo currículo de estudo, pois pode gerar o mesmo descontentamento e desconforto com a Escola Dominical, podendo ocasionar a não permanência do aluno na escola.

É aconselhável que a promoção aconteça numa data festiva, como no dia de uma formatura escolar. Neste dia, o aluno tem em seu apoio seus pais, familiares e amigos, sendo prazeroso e especial para ele. Esse momento torna-se um espaço riquíssimo para a promoção da Escola Dominical na comunidade e entre os possíveis parentes não cristãos de alunos da Escola Dominical.

Questão para Reflexão

Nesse capítulo abordamos a preocupação com o processo de ensino/aprendizagem na Escola Dominical. Pense sobre como a Escola Dominical de sua Igreja organiza as classes e departamentos visando o bom aproveitamento dos professores e alunos no processo de ensino/aprendizagem.

CAPÍTULO 5

Materiais e recursos didáticos para a Escola Dominical

Qual a importância que os materiais e recursos didáticos têm para o cumprimento dos objetivos da Escola Dominical? Os materiais e recursos didáticos são realmente fatores que contribuem para o aproveitamento do processo de ensino/aprendizagem? Nesse capítulo, abordaremos como os materiais didáticos e os recursos didáticos tornam a aula da Escola Dominical dinâmica, edificante e criativa.

5.1 A importância dos recursos didáticos

Os recursos didáticos são os "meios didáticos que servem para estruturar conceitos necessários à compreensão do que está sendo estudado" (TULER, 2004, p.39). São recursos auxiliares que facilitam a compreensão da mensagem que se pretende transmitir ou comunicar. Eles funcionam como meios físicos que estimulam os educandos, provocando a atitude criadora e desenvolvendo material de informação. Estes recursos atuam diretamente nos cinco sentidos do aluno (visão, audição, paladar, olfato, tato) para que quando utilizados em conjunto, ele alcance o conhecimento com êxito.

O processo de aprendizagem é dinâmico e complexo. Os recursos não funcionam como requintes de sofisticação ou ilustração da apresentação oral do professor, mas são elementos que ajudam a pensar e refletir sobre aquilo que está sendo transmitido pelo professor. Por isso, aponta Tuler (2004, p. 40),

> Os recursos servem essencialmente ao aluno e nunca devem ser utilizados para demonstração de erudição do professor. Elaborar uma sequência de ilustração passiva, sem a interferência e participação do aluno, constitui-se em grande perda de tempo. Como já se salientou, sua função principal é auxiliar o aluno a pensar, possibilitando o desenvolvimento de sua imaginação e de sua capacidade de estabelecer analogias. É aproximar o aluno da realidade e auxiliá-lo a tirar dela o que contribui para a sua aprendizagem.

Os recursos podem fazer muita diferença no processo educativo, beneficiando os alunos. Determinados conteúdos não podem ser ensinados sem a sua utilização. Precisamos lembrar que o ensino através recursos didáticos está presente na Bíblia, utilizada na maioria das vezes para facilitar nossa compreensão acerca das verdades contidas nela, como aponta Tuler (2004, p.40):

> Os sacrifícios de animais no antigo pacto, a rocha ferida no deserto, o Tabernáculo com suas repartições, todos os rituais e cerimoniais do Antigo Testamento nos servem de auxílio para aprendermos e ensinarmos valiosas lições espirituais. Jesus em seu ministério de ensino usou vários recursos didáticos: referiu-se aos lírios, aos campos brancos, à luz e ao sal, ao caminho, à porta, à rocha, à areia, às redes, ao jugo; colocou um menino no meio dos discípulos para ilustrar a humildade e usou a água que uma mulher tirava do poço para ensinar que Ele é a água da vida. Do modo mais natural possível o Mestre usava o que estivesse ao seu alcance para proferir seus valiosos ensinamentos.

Grandes especialistas em ensino e aprendizagem já destacavam a eficácia e a importância dos recursos audiovisuais como um caminho para estimular os sentidos e, consequentemente, facilitar a aprendizagem. Em uma de suas preciosas lições sobre Didática, Johan Amos Comenius diz: "Associe-se sempre o ouvido à vista, a língua à mão; ou seja, não apenas se narre aquilo que se quer fazer aprender para que chegue aos ouvidos, mas represente-se também graficamente para que se imprima na imaginação, por intermédio dos olhos". Assim como Comenius, Gangel e Hendriks (1999) apontam a potencialidade dos recursos didáticos quando utilizados assertivamente:

> Os recursos audiovisuais estimulam o interesse. O olho humano é atraído pelo movimento, brilho e cor. Mesmo o simples ato de ligar um projetor desperta atenção involuntária na audiência, porque gera movimento, cor e brilho na frente da sala. O comunicador sábio capitalizará este momento propício ao ensino e transformará a atenção involuntária em voluntária. Apropriados materiais visuais capturam e mantêm a atenção.

Telma Bueno (2012, p.62) sublinha uma série de vantagens do uso dos recursos didáticos na Escola Dominical. Vejamos:

- Os recursos estimulam a experiência sensorial do aluno, independentemente da faixa etária em que ele esteja. A experiência sensorial é a base do processo de aprendizagem, pois tudo passa previamente pelos sentidos antes de chegar ao nosso cérebro.
- Facilitam a aprendizagem e a fixação dos conteúdos trabalhados.
- Os recursos motivam e incentivam os alunos a aprenderem um conteúdo que a princípio parece ser complexo e difícil.
- Estimulam a imaginação, pois vários sentidos poderão ser utilizados ao mesmo tempo. Também ajudam os alunos a abstrair alguns conceitos mais abstratos como justiça, salvação, vida eterna, santidade, etc.
- Economizam tempo, já que longas explicações são substituídas. "Uma imagem vale mais que mil palavras."
- Enriquecem o vocabulário dos alunos. Porém, para que isso aconteça, você deve fazer perguntas apropriadas sobre o que os alunos viram ou ouviram.
- Motivam e despertam o interesse.
- Ilustram noções mais abstratas.
- Permitem a fixação da aprendizagem.

5.2 Critérios para seleção e utilização dos recursos didáticos

Por que precisamos de critérios para selecionar e utilizar recursos tão importantes e que enriquecem de forma significativa as aulas da Escola Dominical? Basicamente, seria fácil escolher e utilizar os recursos se nossas salas de aula fossem compostas por pessoas exatamente iguais.

Contudo, sabemos que em uma mesma sala temos uma diferença significativa entre os estudantes. Assim, o quadro-de-giz, por exemplo, pode não ser eficaz para todos os alunos de uma mesma classe. Nesse caso, não se deve utilizar um recurso didático sem o devido planejamento. Não se tem o mesmo sucesso utilizando quebra-cabeças para ensinar crianças e adultos. Tuler (2004, p.42-43) sugere uma sequência de ações que o professor deve ater-se após definir a função dos recursos no processo de aprendizagem:

> 1. Selecionar e analisar cuidadosamente o material, tendo sempre em vista os objetivos a serem atingidos e considerando que nenhum recurso pode ser utilizado sem o estudo cuidadoso do momento adequado de sua aplicação. Neste ponto o mestre deverá fazer alguns questionamentos: O recurso que pretendo utilizar é realmente bom? Contribui para atingir o objetivo visado? O que ficará na mente do meu aluno? Apenas o objeto? A figura? A imagem? Ou a mensagem?
>
> 2. Estabelecer uma ordem de prioridade e relacionamento entre os recursos, evitando que eles se transformem em um mero mostruário, desvinculado dos objetivos reais da dinâmica da aprendizagem;
> 3. Aproveitar todas as possibilidades didáticas dos recursos. Eles devem ser utilizados como estímulos ao pensamento do aluno, induzindo-o a estabelecer as relações e implicações daquilo que lhe é mostrado, dito ou demonstrado;
> 4. Apresentar os recursos de maneira clara, simples e acessível ao aluno, visando fundamentalmente dar a ele condições de desenvolver sua capacidade de compreensão, interpretação e aplicação, evitando assim, símbolos confusos e detonações artificiais.

É importante ressaltar que os recursos didáticos não substituem o professor, eles não são o objetivo principal da atividade. O professor, ao perder de vista o verdadeiro propósito dos recursos, pode prejudicar todo o processo de aprendizagem. Algumas atitudes podem dificultar a utilização de recursos didáticos, como aponta Bueno (2012, p.63):

> **a) Valorização do conteúdo em detrimento do aluno.** Alguns professores acabam por valorizar de modo demasiado os recursos, e estes acabam sendo o "centro" da aula. Esses professores acabam não permitindo que os alunos aprendam ou interroguem. O mais importante em uma aula são os alunos. Eles devem ser o centro da aula, e não os recursos.
> **b) Não conhecer o público-alvo.** Quando não conhecemos nossos alunos, acabamos por utilizar recursos inadequados. Para cada faixa etária existe um recurso adequado. Temos que respeitar essa regra.
> **c) Falta de contextualização.** Crianças que moram na região norte do país que não estão acostumadas a plantações de uvas, ou nunca viram um pastor ou uma ovelha. Utilize aquilo que é próprio de sua região.
> **d) Falta de planejamento.** Precisamos colocar o material em ordem. Já no plano de aula precisamos definir o que vamos utilizar.
> **e) Não ser você mesmo.** As crianças percebem. Não adianta querer representar. O professor deve ser espontâneo.

5.3 Principais materiais e recursos didáticos

Além do preparo espiritual e bíblico, o professor precisa organizar-se didaticamente. Ele precisa escolher os métodos que irá utilizar e de quais recursos didáticos necessitará para sua tarefa de ensino. Tais métodos e recursos precisam ser utilizados de com criatividade e versatilidade, para que suas aulas não se tornem repetitivas e monótonas. Eis alguns recursos didáticos que podem ser utilizados para tornar sua aula mais atrativa e interessante:

5.3.1 Quadro-negro

Esse seja, talvez, o mais comum entre os recursos didáticos disponíveis. Muitas vezes, entretanto, o professor não se dá conta que ele se encontra disponível na sala de aula. O quadro pode ser utilizado para escrever esboços da aula, exposição e tabelas, breves explicações etc. Devido o tempo reduzido que uma aula de Escola Dominical dispõe, o professor deverá chegar mais cedo a fim de escrever com antecedência as informações que deseja disponibilizar para seus alunos. O quadro apela para o aspecto visual, colocando em ação um segundo sentido, reforçando, assim, a eficácia da aprendizagem.

5.3.2 Álbum seriado

O Álbum seriado é um recurso comumente utilizado no processo de aprendizagem de crianças. Sua fácil confecção e praticidade de uso, tornam-no um dos recursos mais utilizados em classes infantis. Nele, o professor pode inserir fotos, mapas, esboços, ilustrações, entre outros. Se bem confeccionado, com tamanho razoável e uso criativo das cores, ele torna-se uma poderosa ferramenta didática no processo de aprendizagem.

5.3.3 Datashow

Como avanço tecnológico do mundo moderno, a maioria das Igrejas possui datashow em suas salas de aula. Ele oferece um dinamismo importante no processo de aprendizagem, uma vez que pode ser utilizado para transmitir tanto conteúdo escrito, como no caso de slides, como vídeos e ilustrações que diversificam o conteúdo transmitido pelos professores em sala de aula.

O professor precisa lembrar que uma "boa aula" não depende só dos recursos didáticos, mas de seu empenho e qualidade no desenvolvimento de seu trabalho/vocação. O professor carece de dedicação e preparo individual para que sua aula seja eficaz e compreensível para todos os seus alunos. Sua preocupação deve ser cercar-se de ferramentas e recursos didáticos e espirituais que possibilitem que o processo de ensino/aprendizado seja eficaz, cativante e edificante.

Questão para Reflexão

Pense sobre como os professores da Escola Dominical em sua Igreja utilizam os recursos didáticos. E, se você é professor de Escola Dominical em sua Igreja, como você têm utilizado tais recursos.

A PRÁTICA PEDAGÓGICA DA ESCOLA DOMINICAL

Em nossa quarta e última unidade do livro, vamos abordar a prática pedagógica da Escola Dominical. Nessa unidade trataremos dos elementos do processo de ensino, ou seja, os elementos-chave que constituem a prática pedagógica da Escola Dominical. Tratamos daquilo que acontece em sala de aula, a parte mais importante do processo de ensino e aprendizagem. Professores, alunos e métodos de ensinos constituem-se como o núcleo fundamental da prática pedagógica da Escola Dominical.

Assim, organizamos esta unidade em cinco capítulos. No primeiro capítulo, estudaremos a excelência do ensino na Escola Dominical. No segundo capítulo, apresentaremos as principais características do professor da Escola Dominical. No terceiro capítulo, aprenderemos sobre a a importância do aluno e seu papel no processo de ensino e aprendizagem. No quarto capítulo, trataremos da relevância dos métodos de ensino na prática pedagógica, bem como os principais métodos utilizados na Escola Dominical. E no quinto capítulo, falaremos sobre a necessidade dos processos avaliativos para o aprimoramento da Escola Dominical.

O Ensino na Escola Dominical

Pra que ensinar? Antes de estudarmos os aspectos didáticos propriamente ditos, é muito importante refletir um pouco sobre o sentido da atividade docente. E, para ter consciência do sentido de sua atividade, o professor precisa perguntar: Para que ensino? Para que serve o que estou fazendo? Sem a clara definição dos meus objetivos como docente não conseguirei escolher os métodos e didática suficientes, ou corretos, para o exercício do trabalho letivo. Os aspectos didáticos estarão subordinados à definição dos meus propósitos educativos.

Compartilho uma reflexão de Rubem Alves: Ensinar a Alegria.

Muito se tem falado sobre o sofrimento dos professores. Eu, que ando sempre na direção oposta, e acredito que a verdade se encontra no avesso das coisas, quero falar sobre o contrário: a alegria de ser professor, pois o sofrimento de se ser um professor é semelhante ao sofrimento das dores de parto: a mãe o aceita e logo dele se esquece, pela alegria de dar à luz um filho. Reli, faz poucos dias, o livro de Hermann Hesse, *O Jogo das Contas de Vidro*. Bem ao final, à guisa de conclusão e resumo da estória, esta poeminha de Rückert:

> Nossos dias são preciosos, mas com alegria os vemos passando se no seu lugar encontramos uma coisa mais preciosa crescendo: uma planta rara e exótica, deleite de

um coração jardineiro, uma criança que estamos ensinando,
um livrinho que estamos escrevendo.

Este poema fala de uma estranha alegria, a alegria que se tem diante da coisa triste que é ver os preciosos dias passando... A alegria está no jardim que se planta, na criança que se ensina, no livrinho que se escreve. Senti que eu mesmo poderia ter escrito essas palavras, pois sou jardineiro, sou professor e escrevo livrinhos. Imagino que o poeta jamais pensaria em se aposentar. Pois quem deseja se aposentar daquilo que lhe traz alegria? Da alegria não se aposenta... Algumas páginas antes o herói da estória havia declarado que, ao final de sua longa caminhada pelas coisas mais altas do espírito, dentre as quais se destacava a familiaridade com a sublime beleza da música e da literatura, descobria que ensinar era algo que lhe dava prazer igual, e que o prazer era tanto maior quanto mais jovens e mais livres das deformações da deseducação fossem os estudantes.

A felicidade começa na solidão: uma taça que se deixa encher com a alegria que transborda do sol. Mas vem o tempo quando a taça se enche. Ela não mais pode conter aquilo que recebe. Deseja transbordar. Acontece assim com a abelha que não mais consegue segurar em si o mel que ajuntou; acontece com o seio, turgido de leite, que precisa da boca da criança que o esvazie. A felicidade solitária é dolorosa. Zaratustra percebe então que sua alma passa por uma metamorfose. Chegou a hora de uma alegria maior: a de compartilhar com os homens a felicidade que nele mora. Seus olhos procuram mãos estendidas que possam receber a sua riqueza. Zaratustra, o sábio, se transforma em mestre. Pois ser mestre e isso: ensinar a felicidade.

"Ah!", retrucarão os professores, "a felicidade não é a disciplina que ensino. Ensino ciências, ensino literatura, ensino história, ensino matemática..." Mas será que vocês não percebem que essas coisas que se chamam "disciplina", e que vocês devem ensinar, nada mais são que taças multiformes coloridas, que devem estar cheias de alegria?

Pois o que vocês ensinam não é um deleite para a alma? Se não fosse, vocês não deveriam ensinar. E se é, então é preciso que aqueles que recebem, os seus alunos, sintam prazer igual ao que vocês sentem. Se isso não acontecer, vocês terão fracassado na sua missão, como a cozinheira que queria oferecer prazer, mas a comida saiu salgada e queimada... O mestre nasce da exuberância da felicidade. E, por isso mesmo, quando perguntados sobre a sua profissão, os professores deveriam ter coragem para dar a absurda resposta: "Sou um pastor da alegria..." Mas, e claro, somente os seus alunos poderão atestar da verdade da sua declaração.

Nesse capítulo discorreremos sobre a importância do ensino bíblico na Escola Dominical e o papel do professor em relação ao ministério de ensino.

1.1 Os objetivos do Ensino

O professor da Escola Dominical deve iniciar sua tarefa docente definindo os objetivos desejados. Esse é o processo mais importante dentre todos ligados à educação. Objetivo significa previsão do resultado, ou, resultado provável advinda de nossa ação. Assim como quando vamos planejar uma viagem, por exemplo, fazer um projeto de reforma para nossa casa, estabelecemos um projeto bem definido de onde queremos chegar e como faremos para que isso aconteça. O que queremos alcançar com os nossos alunos deve ser o mais específico possível. O final de cada aula, cada módulo, cada trimestre, devemos verificar se foram atingidos ou não os objetivos planejados.

Eis algumas perguntas que o Professor da Escola Dominical necessita responder antes de iniciar qualquer ação docente: O que venho fazer aqui? E o que vem fazer meus alunos? O que espero deles? O que esperam eles de mim? Ao terminar minhas aulas, o que eles serão capazes de fazer? Terão modificado alguma coisa em seu comportamento? O que realmente desejo que meus alunos sejam? Bons chefes de família? Educadores? Professores de Escola Dominical? Pastores? Missionários? Crentes fiéis e ativos na obra do Senhor? Todas essas perguntas nortearão positivamente a sua tarefa docente.

Como aponta Gilberto (1998) quem deseja alcançar êxito em alguma tarefa não realiza nada de forma alcatória. No ensino não é diferente, ainda mais quando falamos de ensino bíblico-teológico, uma vez que este gira em torno do aluno e suas relações quanto a tudo que é de capital importância para sua vida. Mas, antes de falarmos sobre os principais objetivos do ensino ligados à fé cristã e a Escola Dominical, precisamos definir o que entendemos por ensino.

1.2 O que é ensinar?

Se perguntarmos para um número razoável de pessoas o que significa ensinar, certamente escutaremos a mesma resposta: "Ensinar é transmitir conhecimento"; ou "Ensinar é transferir para o aluno tudo aquilo que o professor aprendeu". Essas respostas colocam o estudante/aprendiz em uma condição passiva no processo de ensino/aprendizagem. Se ensinar é simplesmente transmitir saberes de uma cabeça à outra, pode-se dizer que quem aprende exerce um papel estático no processo, funciona como um receptáculo do saber alheio. Entretanto, aponta Gilberto (1998, p.182):

> No seu exato conceito, ensinar não é apenas transmitir conhecimentos, mas, primeiro promover aprendizagem por parte do aluno. Portanto, ensinar não é apenas ler ou falar diante de uma classe, mas primeiro despertar, motivar e interessar a mente do aluno e em seguida dirigi-la no processo do aprendizado. Não pode haver real ensino sem aprendizagem por parte do aluno. O termo "educar" deriva de um outro que significa literalmente "conduzir para fora". É, pois, privilégio e responsabilidade do professor da Escola Dominical conduzir seus alunos ao encontro das experiências da vida, de tal forma que eles possam viver vitoriosa e sabiamente, diante de Deus, da Igreja e de seus semelhantes.

Através de recentes estudos pedagógicos, alguns educadores refletiram sobre o conceito de ensino, destacando uma série de condicionamentos e expressões que exemplificam o verdadeiro sentido do ensino, como aponta Tuler (2013, p.72):

> Ensinar é dirigir ou orientar tecnicamente a aprendizagem". Mediante esta posição, a maioria dos pedagogos concordam que o processo de ensinar tem como consequência obrigatória o processo de aprender. Se o professor ensinou e o aluno não aprendeu, não houve verdadeiro ensino.

O ensino deve ser atuante, instigante e participativo. Muitos professores acreditam que ensinar é transmitir e comunicar o máximo que eles puderem para seus alunos, mesmo sem medir e avaliar a quantidade e qualidade dos conteúdos assimilados. Ensinar não é só comunicar, é fazer pensar, é ajudar o aluno a criar novos hábitos de pensamento e também de ação. Ensinar, de fato, não é transmitir conhecimento, mas é estimular os alunos a buscá-lo.

1.3 Ensino participativo

Ancorado na definição de ensino destacado no tópico anterior, torna-se importantíssimo um olhar para os novos conceitos acerca de como o ensino acontece, se concretiza de forma eficaz. A melhor forma para que ele se manifeste e se estabeleça é o que se chama na ciência pedagógica de "Ensino participativo". Mas, o que é considerado "Ensino participativo"? Vejamos.

As transformações ocorridas no mundo moderno exigem muitos esforços dos professores para se manterem atualizados em suas metodologias de ensino. Como atestado anteriormente, a concepção de ensino que se tem hoje não é mais aquela da educação bancária, ou seja, onde o aluno é mero receptáculo de informações, uma folha em branco esperando ser preenchida.

Nossos alunos são influenciados constantemente por um mundo dominado pelos meios de comunicação. Televisão, internet e redes sociais estão presentes na vida deles durante toda a semana. No domingo, na Escola Dominical, chegam carregados de vozes e solicitações de comunicações que foram submetidos. Como terão interesse na aula se permanecerem por cerca de cinquenta minutos ouvindo a voz do professor? Como os mestres poderão despertá-los? Ou atraí-los para o ensinamento bíblico? É preciso que o educador cristão tenha consciência dessa realidade, para que possa adaptar tanto a sala de aula, como a dinâmica das aulas de acordo com esta nova realidade. Tuler (2020, p.14) sublinha que, "Ao educador cristão da atualidade cabe a responsabilidade de melhorar a comunicação em sala de aula, adaptando-a às necessidades dos alunos e colocando-a em termos tais que lhes permitam alcançar com êxito os objetivos da educação cristã".

Em suma, o ensino participativo tem pelo menos três objetivos centrais, a saber, tornar os alunos mais ativos no processo de aprender, empreender atividades que estejam em harmonia com os interesses dos alunos e a integração entre professores e alunos na sala de aula.

Tuler (2020) resume os três objetivos da seguinte forma: Quanto ao primeiro objetivo,

> não significa dizer que o professor terá de relegar as aulas expositivas. Na verdade, é quase impossível lecionar sem fazer exposições ou transmitir oralmente certa quantidade de informações, conhecimento e experiências. A preleção ou exposição oral é parte importante do trabalho do professor e, quando bem planejada, produz resultados maravilhosos,

> inclusive o de evitar a fastidiosa monotonia, sonolência e consequente desinteresse dos alunos.

Quanto ao segundo: "Isso tem a ver com o trabalho de projetos, largamente utilizado na aprendizagem de alunos de diversos níveis e faixas etárias". E ao terceiro:

> Estes (alunos) precisam se sentir à vontade. Para isso, deverão receber estímulo e oportunidade para falarem e expressarem seus saberes, opiniões e sentimentos. Todavia, é preciso ter cuidado com os alunos que falam demais no intuito de monopolizarem a atenção do professor. Os mais experientes também requerem certo cuidado, pois, às vezes, dão a impressão de que já sabem de tudo.

A proposta do ensino participativo é envolver os alunos no período de aula, fazer com que eles reconheçam seu papel no processo de construção do conhecimento individual e coletivo. Ensinar permitindo a participação ativa do aluno não significa entregar a ele a responsabilidade total sobre sua aprendizagem, pelo contrário, pretende fazer com que ele abandone literalmente a passividade e inatividade no processo.

O ensino participativo é centrado no aluno, e não no professor ou no conteúdo. Professor e conteúdo são fundamentais no processo, contudo, no ensino participativo professor e conteúdo tem a função de gerar no aluno condições favoráveis à autoaprendizagem, desenvolvimento intelectual e desenvolvimento emocional. O aluno é a figura principal porque ele tem o direito de falar, responder, fazer, refazer, criar, recriar e interagir com o professor e com os colegas.

1.4 Ensino Bíblico na Escola Dominical

A tarefa do professor da Escola Dominical é muito mais preciosa e de extrema responsabilidade daquela exercida pelos professores da educação secular. Todas as técnicas atreladas a apropriados recursos pedagógicos e didáticos podem ser altamente eficazes, se empregadas com sabedoria, adequação, bom-senso e responsabilidade. Entretanto, o conteúdo que se propõe ensinar é sagrado, espiritual. Seus alunos são preciosidades aos olhos de Deus e precisam ser ensinados acerca da vontade de Deus para suas vidas. Por isso, as técnicas e métodos devem ser utilizados por um professor consciente de sua função, que também é vocação, cheio do Espírito Santo para encaminhar seus alunos ao caminho espiritual. Quanto ao caminho do ensino bíblico-teológico na Escola Dominical, Antonio Gilberto (2020, p.60) aponta 7 pontos que o ensino bíblico deve visar de modo bem definido:

> A. *O aluno e suas relações com Deus (Is 64.8)*. Deus é nosso Pai celestial (com Quem devemos ter comunhão ininterrupta). É Criador e Preservador (digno de toda adoração). É Sustentador (digno da nossa fé). É Rei e Senhor (digno do nosso melhor serviço).
>
> B. *O aluno e suas relações com o Salvador Jesus (Jo 14.6)*. Jesus é o caminho para Deus, o Pai. É também o nosso Salvador pessoal, é Senhor e centro da nossa vida em geral.
>
> C. *O aluno e suas relações com o Espírito Santo (Ef 5.18)*. O Espírito Santo convence (Jo 16.8); regenera (Tt 3.5); santifica (Rm 8.2); ensina (Jo 14.26); capacita para vencer (At 1.8); e guia (Jo 16.13; Rm 8.14).
>
> D. *O aluno e suas relações com a Bíblia (SI 119.105)*. Aceitar a Bíblia como a Palavra divinamente inspirada (2 Tm 3.16). É preciso conhecê-la, manejá-la bem, e isso não vem por acaso (Jr 15.16). É preciso ama-la e tê-la como guia prático da vida diária.
>
> E. *O aluno e suas relações com a igreja (At 2.44; Ef 4.16)*. Conhecer o propósito e missão da igreja local. Nossas responsabilidades e deveres para com a obra do Senhor. Trabalhar de coração, em suas atividades. Fomos salvos para servir (1 Pe 2.9). Devemos dar, e não apenas esperar receber da igreja. Compreensão da importância de ser membro da igreja.
>
> F. *O aluno e suas relações consigo mesmo (Fp 1.21; 3.13,14)*. O crente deve avançar para a maturidade espiritual. Compreender que somente submissos a Cristo, podemos vencer nossa natureza pecaminosa, e vivermos a vida vitoriosa. Usar os talentos e habilidades a serviço do Mestre. A responsabilidade que tem um crente (Mt 5.13,14).
>
> G. *O aluno e suas relações com os demais alunos e demais pessoas (Mc 12.31)*. Apreciar a contribuição dos outros e respeitar seus direitos. Cuidar da salvação dos perdidos por todos os meios possíveis. Familiarização e participação na obra missionária nacional e estrangeira. Ser bom e justo. Bom, não significa apenas ter bom coração e concordar com tudo (SI 25.8). Nossas responsabilidades como cidadãos.

Questão para Reflexão

Reflita sobre o processo de ensino/aprendizagem da Escola Dominical de sua Igreja. O ensino acontece de forma participativa ou de forma unilateral?

CAPÍTULO 2

Os Professores da Escola Dominical

Alguns podem dizer que ensinar não é somente uma ciência, mas, também, uma arte. Professores são mais artistas do que cientistas. Se ensinar fosse apenas uma ciência, seus resultados seriam alcançados simplesmente ao aplicar certas fórmulas apropriadas à determinada situação e teriam sucesso garantido, como uma equação, por exemplo. Quando falamos de professores da Escola Dominical não estamos falando apenas de cientistas, ou artistas, mas de vocacionados. Eles são chamados por Deus para exercerem uma das tarefas mais importantes da Igreja, a saber, edificar os crentes através do ensino da Palavra de Deus. Nesse capítulo, abordaremos as principais características do professor da Escola Dominical, desde a sua vocação à pratica pedagógica em sala de aula.

2.1 O Professor e sua vocação

Na Igreja há diversidade de dons. Há três diferentes listas de dons no Novo Testamento: a) *dons espirituais:* sabedoria, ciência, discernimento, fé, curas, operação de maravilhas, profecias, línguas e interpretação de línguas; b) *dons assistenciais:* profecia, ministério, ensino, exortação, contribuição, governo e misericórdia (Rm 12.6-8); *c) dons ministeriais*: apóstolos, profetas, evangelistas, pastores e mestres (Ef 4.11,12). Em nosso caso, destacamos a última lista, em especial o dom de mestre.

Mestres, segundo a bíblia, "são aqueles que são dotados de uma capacidade especial para expor, esclarecer, e proclamar a Palavra de Deus com poder e eficiência, a fim de edificar o corpo de Cristo" (TULER, 2013, p.81). Este dom não deve ser confundido com uma simples aptidão natural para o ensino. É, pelo contrário, algo que vem diretamente de Deus para exercício do magistério eclesiástico.

O professor cumpre, assim, efetivamente o dom de ensino, mediante capacitação divina para expor as verdades referentes à Palavra de Deus: "tendo, porém, diferentes dons segundo a graça que nos foi dada: se profecia, seja segundo a proporção da fé; se ministério, dediquemo-nos ao ministério; ou o que ensina esmere-se no fazê-lo" (Rm 12.6,7). Tendo em vista seu caráter urgente e central na Igreja, os professores devem ser escolhidos com base em sua vocação, e aptidões específicas e na chamada divina para o magistério cristão.

Mas, como identificar a vocação de alguém chamado para exercer o magistério cristão? Quais são os critérios que ajudam na identificação e, consequentemente, escolha de professores para atuarem no departamento de ensino da Igreja? Algumas pistas são sugeridas por Tuler (2013, p.49):

> Em relação ao magistério, a vocação revela-se como um conjunto de predisposições; preferencias afetivas, atitudes e ideias de cultura e de sociabilidade. Os professores vocacionados são facilmente identificados, pois, sem nenhum esforço, revelam suas várias habilidades, principalmente no que diz respeito ao relacionamento com seus semelhantes.

Os educadores cristãos têm convicção de sua chamada, ensinam como se este fosse o único sentido de sua vida. Ela se fundamenta na escolha feita por Cristo e na atuação interior do Espírito Santo na vida do aspirante ao exercício do ministério de ensino da Palavra. O chamado interno, o chamado do Espírito, é uma impressão sobre a mente humana, que se sente proceder de Deus, por meio de circunstâncias da vida, das emoções da alma, da convicção da consciência, dizendo ao homem que ele deve abraçar a obra do ministério como tarefa de sua vida.

2.2 O professor e suas qualificações espirituais

O professor exerce muitas funções quando está em sala de aula. Entretanto, sua aula não começa na classe com seus alunos. O professor da Escola Dominical, além de ser vocacionado e possuir aptidões naturais, deve investir nas qualificações necessárias para exercer com excelência o ministério do ensino, a saber, as qualificações espirituais.

De acordo com Gilberto (2020) a Escola Dominical necessita de um professor "espiritual", pois o êxito de nossas Escolas Dominicais depende disso. Diz ele: "É melhor um professor com pouco preparo, mas espiritual, do que o contrário. Somente o preparo não realiza" (p.69).

O professor da Escola Dominical precisa ter um relacionamento real com Jesus Cristo. Jesus é o nosso salvador pessoal, também Senhor e dono de nossa vida. Há professores que não têm certeza de sua salvação, como poderão ensinar sobre ela? Outros não oram, não leem a Bíblia e não têm uma vida devocional. No magistério cristão não há espaço para ensinar o que não sente e não vive. Não há possibilidade de ensinar aquilo que não está disposto a obedecer.

Além de reconhecer Jesus como nosso Salvado e Senhor, o professor precisa se esforçar para seguir o exemplo de Jesus. Jesus foi o maior pedagogo de todos os tempos. Se apropriou de todos os métodos e técnicas disponíveis em seu tempo para transmitir a verdade divina para as pessoas carentes da sua época.

2.2.1 O Professor e a consagração

A palavra "consagração" significa dedicar-se a Deus, separar algo ou alguém para uso do Senhor. No Antigo Testamento muitos objetos e espaços foram consagrados ao Senhor, como por exemplo, o Tabernáculo por Moisés e o Templo de Jerusalém por Salomão (Lv 8.1-11; 1Rs 8). Os sacerdotes que estavam à serviço do Tabernáculo e do Templo tinham, também, suas vidas consagradas ao serviço do Senhor, e consagravam os sacrifícios oferecidos pelo povo a Deus (Lv 8.12-36). No Novo Testamento, os conceitos de sacerdote e sacrifícios são combinados na vida do crente. Todo cristão deve atuar como sacerdote no serviço do Senhor (sacerdócio universal de todos os crentes), e o oferecer "sacrifícios espirituais, aceitáveis a Deus, por Jesus Cristo" (1Pe 2.5). O Apóstolo Paulo evidencia com mais detalhe a natureza de tal sacrifício espiritual: "Rogo-vos, pois, irmãos, pela compaixão de Deus, que apresenteis o vosso corpo em sacrifício vivo, santo e agradável a Deus, que é o vosso culto racional" (Rm 12.1-2). Uma vida consagrada ao Senhor requer uma vida santa e devocional, para que seus alunos aprendam e vejam a necessidade de viverem uma vida consagrada a Deus, mediante a sua observação e identificação na vida do professor.

O professor deve prosseguir em conhecer a Deus, que necessariamente acontece por meio da oração e submissão à Palavra. Lopes (2011) cita os diversos exemplos de homens e mulheres que tiveram êxito mediante uma vida de constante oração, inclusive Jesus:

> Dentre todos os exemplos citados acima, devemos lembrar que Jesus tornou evidente a relevância da oração na vida de todos. "Os quatro evangelistas não apenas registram Jesus orando com grande frequência e em diversos lugares, mas também têm o cuidado de citar ocasiões específicas durante seu ministério em que [...] ele se afastou de toda e qualquer companhia para orar [...]". Em Marcos 1:35 lemos: "De madrugada, quando ainda estava escuro, Jesus levantou-se, saiu de casa e foi para um lugar deserto, onde ficou orando". Lucas registra que Jesus se retirava para lugares solitários e orava (Lc 5:16) e também sublinha que Jesus passou uma noite inteira em oração (Lc 6:12). Em Mateus 6:5-13, Jesus, que é o nosso maior modelo de uma vida de oração (Lc 11:1), ensina os seus discípulos — e a nós por extensão — a orar (p.99).

O êxito do ministério de ensino está no exercício contínuo de uma vida de oração, indissociável da vida de submissão à Palavra de Deus.

2.3 O professor e suas qualificações intelectuais

O professor da Escola Dominical deve ser um assíduo estudante da Palavra de Deus. Em sua vida devocional, ele utiliza a Palavra de Deus para moldar sua própria vida, mas seu olhar para Bíblia não pode ser apenas ligado à edificação própria, mas de seus alunos também. Para ensinar as Escrituras, o professor precisa conhecer as Escrituras. Muitos alunos da Escola Dominical vão à escola para aprenderem a Palavra de Deus. Muitos alunos da Escola Dominical revelam que amam suas classes de Escola Dominical porque seus professores são profundos conhecedores da Palavra de Deus. Assim, tanto a eficácia da aula, como a assiduidade e contentamento dos alunos da Escola Dominical dizem respeito ao preparo bíblico do professor.

A atitude do professor quanto à Palavra de Deus deve ser aquela apontada por Tuler (2013, p.62):

> O verdadeiro crescimento espiritual está particularmente ligado ao estudo individual, dedicado e constante das Escrituras. O professor da Escola Dominical jamais deve contentar-se com o que ouve a respeito da Palavra de Deus. Antes, deve ele provar, averiguar e confrontar tudo o que dizem com o que ele próprio lê e estuda acerca das Escrituras. Já que a Bíblia é o livro-texto da Escola Dominical, o professor deverá aplicar-se ao seu estudo sem reservas.

O professor precisa ler a Bíblia com eficiência. A sua leitura não pode ser lida como um livro qualquer, pois, devido seu caráter divino e espiritual, necessita que a leitura seja pausada, meditativa e atenciosa. Segundo Kenneth e Hendrikcs (1999, p.307),

> Como estudantes da Palavra, os professores cristãos devem garimpar o ouro da Escritura, cavando "filões" nas profundezas da Bíblia e peneirando as verdades das Escrituras para si mesmos. Exploração diária das riquezas da Palavra enriquece a vida — dando mais capacidade para os professores cristãos guiarem outros nas mesmas explorações.

A Bíblia deve ser garimpada como ouro porque seu rico conteúdo se assemelha com o brilho e o valor do ouro fino. A Bíblia nos ajuda a crescer espiritualmente (1Pe 2.2-3). Sem o seu alimento, o cristão fica mal alimentado espiritualmente. Além do ouro, a comida é uma das metáforas que a Bíblia utiliza para falar de si mesma. É dito na Palavra que os juízos do Senhor são "mais doces do que o mel e o licor dos favos" (Sl 19.10). No Salmo 119.103 lemos: "Oh! Quão doces são as tuas palavras ao meu paladar! Mais doces do que o mel a minha boca".

A Bíblia também nos guia. A Bíblia é um manual que nos instrui acerca de como a vida é, e como conseguir tirar o melhor proveito dela. A Bíblia fala conosco e sobre nós, como aponta Kenneth e Hendrikcs (1999, p.308):

> Na Bíblia, Deus nos fala sobre nós, sobre Ele e sobre nosso presente e futuro. E foi escrita para nos guiar na direção certa, para nos ajudar a tomar as decisões corretas. O

salmista escreveu: "Lâmpada para os meus pês e tua Palavra e luz para o meu caminho" (Sl 119.105), e: "A exposição das tuas palavras da luz" (Sl 119.130). Os "testemunhos" de Deus são os "conselheiros" do crente (Sl 119.24).

A Bíblia também nos guarda do pecado. Ela tem efeito purificado na vida do crente. Ela aponta em nós onde a sua ação purificadora deve acontecer. Como discípulos de Jesus, a palavra que ele disse aos discípulos no cenáculo deve ser uma realidade em nossa vida: "Vós já estais limpos pela palavra que vos tenho falado" (Jo 15.3).

À medida que o professor da Escola Dominical deixa o Espírito Santo implantar a Palavra de Deus nele, fica perfeitamente apto para "toda boa obra". À medida que nos apropriamos da Palavra de Deus, ficamos adequadamente aptos para a obra e serviço do magistério cristão.

2.4 O professor e as principais doutrinas bíblicas

O professor da Escola Dominical não deve apenas conhecer as Escrituras Sagradas, mas, também, conhecer as principais doutrinas da fé cristã. Esse conhecimento pode ser adquirido em seus estudos individuais e particulares, contudo, aconselha-se que o professor ingresse em um curso teológico, pois lhe fornecerá uma visão ampla da Bíblia, seu contexto histórico, literário e, também, doutrinário. É fundamental que o professor conheça a Bíblia em estrutura e história, como por exemplo, a formação do cânon sagrado, como a Bíblia chegou até nós, manuscritos, versões e línguas originais, além de sua estrutura e classificações dos livros.

Quanto às doutrinas fundamentais da Bíblia, podemos enumerar algumas: a doutrina de Deus, a doutrina do Senhor Jesus Cristo, a doutrina do Espírito Santo, a doutrina da Trindade, a doutrina do homem, a doutrina do pecado, a doutrina da Igreja, a doutrina da salvação e a doutrina das Últimas coisas.

O professor precisa conhecer as regras de interpretação da Bíblia, além de conhecer antiguidades bíblicas. Conhecer a linguagem figurada da Bíblia (tipos, símbolos, metáforas, parábolas etc.). Ele precisa conhecer história antiga dos povos mencionados na Bíblia (egípcios, babilônios, assírios, cananeus, judeus, gregos, romanos). Além disso, precisa conhecer a história da Igreja e respectivamente a história do movimento a que sua comunidade de fé pertence (Assembleia de Deus, Batista, Metodista, Presbiteriana, Igrejas Pentecostais etc.).

Veja o vasto conhecimento que o professor da Escola Dominical precisa adquirir para que suas aulas atendam às exigências de interpretação e conhecimento das Escrituras. Dedique-se ao serviço do Senhor e ao conhecimento de Sua Palavra, pois Deus lhe escolheu para esta preciosa tarefa.

2.5 O professor e o preparo da lição

O preparo da lição é uma das tarefas semanais do professor. O planejamento é imprescindível para que a aula alcance o objetivo traçado pelo professor e pelo currículo escolar. Muitos são os alunos e professores que se queixam do pouco tempo disponibilizado para o estudo em classe. Alguns professores chegam a dizer que a aula acabou no momento em que começavam a tratar da melhor parte da lição. Bem, a grande questão não é falta de tempo, e sim, de planejamento. Quando não há planejamento, mesmo que se dedique horas para a execução da aula, ainda terá a impressão que está faltando algo. Pelo contrário, quando há planejamento de aula, mesmo que o tempo seja curto, haverá produtividade e satisfação em cada aula.

Antes de planejar sua aula, o professor precisa refletir sobre questões importantes, tais como: O que pretende alcançar? Como alcançar? Em quanto tempo? O que fazer e como fazer? E, como avaliar o que foi alcançado? Gilberto (2020) aponta pelo menos cinco etapas no preparo da lição que ajudam o professor a alcançar as respostas para as questões importantes listadas acima, a saber:

> 1. *Estudo pessoal*, usando:
> · A revista da Escola Dominical.
> · Apontamentos feitos na hora do estudo individual.
> 2. *Estudo em fontes de consulta.* O material necessário deve ser extraído e ordenado. Veja que fontes tem! Não se trata de ter muitos livros, mas de tê-los bons.
> 3. *Preparo do esboço da lição*
> · Este é um necessário recurso mnemônico.
> · Deve ter no máximo quatro pontos ou subtópicos.
> · Deve apresentar unidade e coerência.
> · Quando mais bem detalhado e completo é chamado Plano de Aula.
> 4. *Escolher os métodos e o material de ensino* que será adotado durante a lição.
> 5. *Preparo de trabalhos para a classe.*
> · Questionários (5 a 10 perguntas).
> · Testes de vários tipos.

· Tarefas orais ou escritas para o domingo seguinte. Pode ser pesquisa, trabalho manual, ou mini preleção de um ponto da lição ou versículo.

Quanto à apresentação da lição, o professor ciente do conteúdo esboçado, tem uma ideia clara da quantidade de conteúdo e informações que precisará transmitir aos seus alunos. Ele precisará ser cirúrgico na organização das informações que considerar mais importantes e ensinamentos que harmonizem com a mensagem principal da lição. Isso fará levando em consideração o tempo estimado para cada aula de Escola Dominical, ou seja, uma média de 50 minutos. Lécio Dornas (2002, p.20-23) sugere a seguinte distribuição de tempo para a apresentação de uma lição:

Abertura (5%)	Ao começar a aula, o professor poderá conceder à classe um momento, breve, de confraternização. É a hora dos alunos se cumprimentarem, de se apresentar os visitantes e de se fazer uma ou outra comunicação de interesse da classe.
Introdução (10%)	O professor vai estabelecer a relação entre o que foi estudado na semana anterior. Buscará atrair a atenção e o interesse dos alunos pelo que será ensinado. Na introdução devem ficar bem claros os alvos da aula em termos de lições a serem ensinadas e informações a serem transmitidas. É este o momento, logo no início da aula, em que professores e alunos devem se colocar diante de Deus para, em oração, pedir a bênção da sabedoria e do discernimento espiritual para o estudo da sua Palavra.

Interpretação (30%)	A preocupação do professor é com a transmissão de informações e dados que auxiliarão o aluno na interpretação do texto bíblico em estudo. Neste momento, a palavra é quase totalmente do uso do professor; eventualmente, um aluno pode oferecer contribuição, porém, o pressuposto é de que o professor está preparado para oferecer aos seus alunos as informações de que se valerão para a clara compreensão do texto bíblico.
Aplicação (40%)	Uma vez bem interpretado, o texto bíblico oferecerá princípios e ensinamentos que deverão ser aplicados à vida dos alunos. Caso contrário, o objetivo da Escola Dominical ficará por ser atingido e não haverá aprendizado real das Escrituras, logo não acontecerão mudanças na vida dos alunos. Aplicando as verdades bíblicas à vida dos seus alunos, o professor estará construindo uma ponte entre o mundo da Bíblia e o mundo de hoje. Ao término de uma aula de Escola Dominical, o aluno deverá ter uma noção clara sobre como colocar em prática em sua vida as verdades aprendidas.
Conclusão (15%)	Ao terminar a aula o professor precisará recapitular com os alunos as principais informações transmitidas e repassar os ensinamentos aprendidos. A lição principal do texto precisará ser repassada, enfatizada e ilustrada. Uma boa conclusão não poderá ser feita apressada ou superficialmente, sob o risco de se comprometer toda a aula.

DIAGRAMA DA DISTRIBUIÇÃO DO TEMPO DE UMA AULA NA ESCOLA DOMINICAL

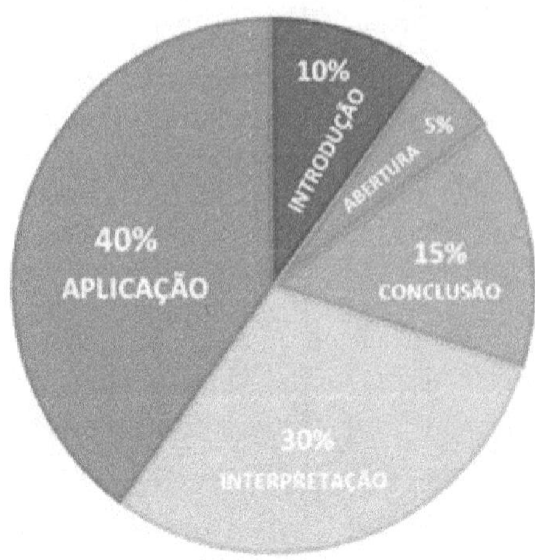

O plano de aula organiza a aula, possibilita melhores resultados e maior produtividade do ensino. Quando o sinal tocar alertando o final da aula, não haverá mais surpresa, pois, todos já estarão satisfeitos e prontos para o término da Escola Dominical no templo.

Questão para Reflexão

Reflita sobre como os professores da Escola Dominical em sua Igreja têm se dedicado ao ensino da Palavra de Deus, levando em consideração a vocação, as qualificações espirituais e intelectuais, bem como o preparo e aplicação da lição na Escola Dominical.

CAPÍTULO 3

Os alunos da Escola Dominical

Os professores da Escola Dominical precisam, indispensavelmente, conhecer profundamente seus alunos, da mesma forma que devem conhecer profundamente a matéria que estão lecionando. Os alunos são seu campo de aplicação. Como aponta Gilberto (2020) o semeador precisa conhecer o solo onde vai semear, bem como não lançar a semente de qualquer forma. Se o professor deseja lograr êxito em sua tarefa, deve estudar não só a lição, mas também o seu aluno. Lembra-nos Gilberto (2020, p.93) acerca da conscientização dos professores da necessidade de conhecer os seus alunos individualmente e enquanto no próprio grupo:

> Os alunos são diferentes. Essa diferença é dupla. São diferentes dependendo do grupo de idade, e também dentro do próprio grupo de idade. E a Psicologia Evolutiva. As características gerais do aluno variam conforme seu desenvolvimento *físico, mental, social e espiritual.* Daí, cada idade requerer tratamento diferente. Jesus como criança crescia nesses quatro aspectos. Segundo Lucas 2.52, Ele crescia.
> · "em estatura" (crescimento físico)
> · "em sabedoria (crescimento mental)
> · "em graça diante dos homens" (crescimento social)
> · "em graça diante de Deus" (crescimento espiritual)

Como apontado acima, há diferenças entre alunos de uma mesma idade, o que expressa a singularidade de cada aluno. Não há dois alunos exatamente iguais. Ciente dessa realidade, o professor precisa conhecer cada aluno de sua classe, pois assim conseguirá planejar e aplicar adequadamente sua aula, atendendo todos os alunos, igualitariamente.

Na Igreja, todos estão envolvidos no processo de crescimento espiritual. Cada membro da Igreja é considerado um aluno no processo educacional, desde à criança ao idoso, líderes e pastores. Nesse caso, precisamos conhecer cada um desses grupos e traçar caminhos para que o ensino seja adequado às características de cada grupo.

Nesse capítulo abordaremos os aspectos ligados às principais características de cada grupo de alunos da Escola Dominical.

3.1 Características dos grupos de alunos da Escola Dominical

A Escola Dominical é uma escola que oferece classes de ensino para todas as faixas etárias. Isso demonstra sua amplitude como agência ensinadora, mas revela sua necessidade de realizar tal tarefa levando em consideração o elemento principal de sua missão, o aluno. Não basta utilizar os mesmos critérios, recursos, métodos e materiais didáticos para ensinar a todos, isso resultaria em fracasso. Ela precisa ter pessoas capacitadas e desejosas de estudar cada aluno que pertence a sua classe, bem como os aspectos característicos de cada grupo de idade. O professor das crianças deve ser especialista no conteúdo bíblico que vai ensinar, mas deve, também, ser especialista nas características, necessidades e interesses peculiares a faixa etária que está responsável. Isso serve para todos os professores da Escola Dominical.

Os especialistas da área de psicologia educacional estudam as leis que governam o crescimento, desenvolvimento e comportamento do indivíduo durante toda sua vida. Eles estudam os alunos em quatro aspectos: *físico, mental cognitivo, social e espiritual.* Estudaremos, assim, as características de desenvolvimento físico, cognitivo, emocional e espiritual dos alunos de acordo com a faixa etária e que formam as classes da Escola Dominical. Estudaremos, características, tendências, aspirações, predileções e interesses de cada grupo de idade, tendo em vista suas necessidades no seu relacionamento com a aprendizagem.

A divisão que abordaremos nesse livro não seguirá precisamente a divisão psicológica, tendo em vista a singularidade psíquica de cada aluno. Nossa divisão funciona como referência, não tem caráter rígido. Seguiremos a divisão efetuada por Gilberto (2020, p.99-109), uma vez que leva em consideração tanto as teorias da psicologia da educação, como as peculiaridades da Escola Dominical.

3.2 Berçário e Jardim da Infância

Na Escola Dominical as crianças que fazem parte da classe Berçário e Jardim das infâncias são as crianças da faixa etária de um a cinco anos. Quanto ao aspecto *físico*, Gilberto (2020) destaca o rápido crescimento, inquietação, movimento, sentimento e dependência. Nessa fase, as principais atividades exercidas pelas crianças são: *comer, dormir, brincar e perguntar*. Os sentidos físicos estão funcionando a todo vapor. Nessa fase, os sentidos são os principais meios e de suma importância para o aprendizado. Barulhos e ritmos, poesias e atividades de expressão, agradam e impressionam o sistema nervoso, e este, transforma as sensações em movimento e aprendizado.

Quanto ao aspecto *mental*, Gilberto (2020) destaca a aprendizagem pelos sentidos, curiosidade, imaginação e credulidade. Ele aponta que,

> A alma da criança é como massa de modelagem: a forma que se der essa fica; o que for ensinado e aceito é crido sem discussão, o que não se dá com jovens e adultos, que tendo a faculdade da razão em pleno funcionamento, concordam ou discordam, conforme seu senso de valores, julgamento e conhecimento. A visão e por demais ativa e a criança aprende mais pela visão do que por qualquer outro sentido. Há muita curiosidade. Muita criança tem adoecido pela curiosidade em experimentar coisas desconhecidas. Animais pequenos correm perigo perto de mãos infantis, vítimas de sua curiosidade... A imaginação e por demais fértil. Nessa idade a criança não distingue entre o real e o imaginário. E tanto, que flores, animais e figuras falam como se fossem gente. Devido a essa forte imaginação, elas inventam histórias as mais incríveis, sendo por isso tidas por mentirosas. Quanto a curiosidade, a criança normal parece mais um ponto de imaginação! Seu período de atenção não vai além de 3 minutos.

Quanto ao aspecto *social*, ele aponta para o egoísmo recorrente nas crianças de até cinco anos de idade. A criança é o centro do seu próprio mundo. Tudo é "eu" e tudo é "meu". Não reparte comida, ainda que não vá comer. Não permite que outras crianças brinquem com seus brinquedos, ou deseja constantemente o brinquedo da outra criança. É teimosa e só quer fazer aqui que lhe convém. Entretanto, são afetuosas, gostam de música e canto. É nessa fase, aponta Gilberto (2020), que os hábitos estão sendo formados, por isso a necessidade de frequentarem a Escola Dominical para moldá-los de acordo com os padrões bíblicos e cristãos:

> Essa é a época áurea da formação dos hábitos como oração, obediência, frequência aos cultos, contribuição, assistência caritativa e filantrópica, etc. A vida é uma serie de hábitos bons ou maus. Os que moldarão a vida são formados na primeira infância, precisamente até os 4 anos. Toda construção começa pelo alicerce, e aqui temos o alicerce da vida — 1ª infância. Passada esta fase, não volta mais.

Quanto ao aspecto *espiritual*, diz respeito à credulidade e confiança tranquila. A vida cristã no lar, num ambiente de oração e fé em Deus, fará, segundo Gilberto (2020, p.101), "a criança compreender a Deus como o Pai amoroso. A atividade dos sentidos ajudá-la-á a aprender as lições da natureza. A criança crê em tudo que lhe é dito. Deus deve ser apresentado como o "Papai do céu".

3.3 Os primários

Na Escola Dominical as crianças que fazem parte da classe dos primários são as crianças da faixa etária de seis a oito anos. Em seu aspecto *físico*, são ativos e irrequietos, contudo, mais controlados. Suas características são praticamente as mesmas da idade de quatro e cinco anos, com poucas diferenças. Seu crescimento é mais lento. A brincadeira passa a ser em grupo, e o egoísmo diminui. Eles precisam de constantes orientações para dispensar as energias em excesso.

Quanto ao aspecto *mental*, nesta fase o aluno é observador e curioso. A memória é boa, e aprende com facilidade, uma vez que prefere fazer, executar tarefas. Eles estão começando a diferenciar o real do imaginário, entre fato e a fantasia. As histórias são importantes nessa fase, pois são delas que eles retiram as preciosas lições de honra, bondade, compaixão e amor. O egoísmo cede lugar ao instinto colecionador.

Quanto ao aspecto *social*, a imitação ainda atua fortemente, entretanto, temos a tendência à representação também. As crianças dessa idade gostam do grupo, mas do mesmo sexo. Os meninos, em especial, aborrecem qualquer associação com as meninas, implicando e expulsando-as do seu meio. O cuidado deve ser constante, pois, se houver perversão dos costumes e má influência, a intimidade pode aparecer. As profissões são os principais modelos de brincadeiras (médico, motorista, vendedores, policiais, bombeiros etc.).

Gilberto (2020) sublinha que nessa idade as crianças são muito sensíveis. Qualquer coisa que dissermos a elas com um tom áspero a magoará e não esquecerá tal ato com facilidade. Todavia, ela não guarda rancor, perdoa fácil e recobra seu estado normal com rapidez. No que diz respeito ao seu aspecto *espiritual*, elas confiam sem duvidar, a menos que sofram decepções. Confiar em Deus é muito fácil para uma criança dessa idade. O cuidado como exemplo é importantíssimo, pois nessa fase começam a reparar nas falhas dos adultos.

3.4 Os Juniores

Na Escola Dominical, os alunos que fazem parte da classe de juniores são aqueles da faixa etária de nove a onze anos. Seu aspecto *físico*, é descrito como enérgico e saudável. Gilberto sugere que as classes devem ser separadas entre meninos e meninas, uma vez que o que interessa para os meninos, não interessa para meninas. Lembremo-nos que essa classificação não é rígida, apenas servindo como modelo que pode ser adaptado de acordo com a necessidade e organização própria de cada Escola Dominical. Optam por lugares ao ar livre, e realizar coisas arriscadas, como subir em árvores, rochedos, entre outros. Deus deve ser apresentado como forte e amoroso.

Quanto ao aspecto *mental*, nessa fase a criança começa a investigar o porquê das coisas. A memória continua ativa, e a sede pelo saber é aguçado. Aquilo que é aprendido nessa fase acompanha a criança durante toda a sua vida. Por isso, aponta Gilberto (2020, p.103), "esta é a época ideal para fixar hábitos e costumes corretos como: leitura da Bíblia, localização de passagens, frequência aos cultos, estudo da lição da Escola Dominical, contribuição financeira, graças pelo alimento, oração em geral, etc."

Quanto ao seu aspecto social, destaca-se o grande interesse pelo grupo, associações e organizações. Há um forte senso de "pertencimento". Nessa fase eles precisam de tratamento simpático. Já existe uma plena consciência acerca do sexo, mas toda a atividade dele está "adormecida", por isso ainda cultivam a repelência como na idade anterior. Esta é "a idade ideal para a orientação sexual, porém deve ser ministrada pelos pais" (GILBERTO, 2020, p.103). Em seu aspecto *espiritual*, nessa fase a criança gosta muito de adorar a Deus. É a época da "plasticidade espiritual."

3.5 Os Intermediários

Na Escola Dominical os alunos que fazem parte da classe dos intermediários são aqueles da faixa etária de doze a quatorze anos. Eles são chamados, também, de adolescentes. Como destaque para seu aspecto *físico,* temos o retorno do crescimento rápido. Acompanhado do rápido crescimento, vem as mudanças físicas e mentais, que acontecem por causa de glândulas que, até então, estavam inativas, potencializando as transformações, tanto físicas como psíquicas da criança. Devido às novas transformações que estão acontecendo com eles, principalmente o desassossego do físico, aponta Gilberto (2020), grandes perigos rondam esta idade.

Quanto ao aspecto *mental,* sofre expansão. Nessa fase, abandonam as coisas de criança, e um aguçamento da razão. Por esse motivo, os adolescentes perguntam bastante durante uma aula, sempre querem saber o porquê e o como das coisas. Essa é a idade das dúvidas, em todos os aspectos, inclusive as teológicas. Suas emoções oscilam muito, como aponta Gilberto (2020, p.106):

> Há constante sonhos quiméricos de coisas irrealizáveis, que costumamos chamar de "castelos de areia". As emoções oscilam de um extremo ao outro. Hoje a mocinha está alegre, irrequieta, sonhadora. Amanhã estará muda, triste e não gosta mais de ninguém. O rapazinho adquire ares de teimosia, rebeldia, argumentação. Tudo isso faz parte dessa idade. Tudo deve ser canalizado e orientado para o bem.

Quanto ao aspecto *social,* cultiva o mesmo sentimento de grupo da faixa de idade anterior. Para os pais é uma fase difícil, pois é a fase que aparecem as más companhias, tendo que acompanhar e orientar os filhos quanto a esse aspecto. Detestam rotinas, e adoram emoções intensas, além do sentimento de justiça que é muito forte. O amor profundo deve ser utilizado para direcioná-lo para o alvo correto, ou seja, o amor a Deus e ao próximo são fatores importantíssimos que precisam ser ensinados nessa fase. Quanto ao aspecto *espiritual,* precisam de apoio constante e orientação, além de um ambiente de espiritualidade profunda, algo que deve acontecer primeiramente no lar, com os pais, e intensificado na Igreja e na Escola Dominical.

3.6 Os Secundários

Na Escola Dominical, os alunos que fazem parte da classe dos Secundários são aqueles da faixa etária de quinze a dezessete anos. As características físicas, mentais, sociais e espirituais, são particularmente as mesmas da idade anterior. O que acontece nessa fase é, na verdade, é um realce desses aspectos. A vida sentimental continua em pleno desenvolvimento. Os romances são mais intensos, necessitando, assim, de controle quanto ao tato e encontros solitários. Eles necessitam da ajuda dos pais para alcançarem paciência, controle e, especialmente, confiança.

3.7 Os Jovens

Na Escola Dominical, os alunos que fazem parte da classe dos jovens são aqueles da faixa etária de dezoito a vinte e quatro anos. A palavra que descreve essa faixa de idade é "independência". Há uma vitalidade ilimitada, e o aspecto *físico* atinge o seu máximo. Tais energias devem ser direcionadas de modo a fazer os jovens cooperadores constantes na obra de Deus. Em seu aspecto *mental,* os jovens estão desenvolvendo seus sentimentos ao máximo. Eles têm prazer de aparecerem, se sacrificarem em função do próximo, além de uma forte imaginação construtiva e criativa.

Quanto ao aspecto *social,* eles decidem seu modo de vida e repelem a monotonia. É a idade de ouro da juventude, como aponta Gilberto (2020, p.108):

> Antes disso o jovem aspira alguma coisa, agora ele parte para a independência. A Escola Dominical pode influir grandemente na solução dos problemas do moço e da moça, como: conversão, dedicação a Cristo, vida espiritual profunda, namoro, casamento, etc. Os professores precisam ser bons conselheiros nessa fase. A escola deve procurar ter professores a altura e para isso tomar todas as providências, inclusive diante de Deus em oração e súplicas.

Quanto ao aspecto *espiritual,* nessa idade os jovens têm convicções firmes e muito bem definidas. A Escola Dominical tem a tarefa de motivar e preparar esses jovens para o serviço na Igreja. Nessa fase o espírito de liderança, além dos dons espirituais são abundantes entre ele, fato que precisa ser orientado pela liderança da Igreja, especialmente, pela liderança dos jovens e da Escola Dominical.

3.7 Os Adultos

Na Escola Dominical, os alunos que fazem parte da classe dos Adultos são aqueles da faixa etária de vinte e cinco a sessenta anos. Percebe-se que essa é a faixa etária que ocupa a maior parte da vida das pessoas. Alguns especialistas preferem dividir essa faixa de idade em subgrupos, uma vez que dos vinte e cinco anos aos sessenta anos de idade muitas mudanças ainda acontecem com a pessoa. Gilberto (2020, p. 108-109) divide da seguinte forma:

> *A. 25-34 anos.* Palavra descritiva da idade: Aplicação. A prudência entra em ação.
> *B. 35-60 anos.* Palavra descritiva da idade: Realização. Constância e uma realidade nessa idade. E o meio dia da vida. E como se alguém subisse a uma montanha e chegasse ao topo.
> *C. 60 anos para cima.* Palavra descritiva da idade: Reflexão. Aqui começa a descida da montanha da vida... E o inverso da subida na infância. Nessa idade, o homem e a mulher necessitam de apoio, simpatia, compreensão e paciência. E o início da velhice. São muito observadores. Se não tiverem o Espirito de Cristo e uma sólida formação, tenderão:
> · Ao pessimismo.
> · À crítica.
> · À murmuração.
> · A ressentimentos.
> · À maledicência.
> · Aos maus hábitos.

O professor da Escola Dominical precisa compreender que a eficácia do ensino depende de seu processo graduado. As necessidades de cada uma dessas idades devem ser atendidas, segundo suas características e interesses que acabamos de descrever. É importante que fique claro para o professor que para:

> ser eficiente precisa não somente conhecer a matéria que vai ensinar (a Palavra de Deus) e ser espiritual; mas também conhecer o aluno, não apenas no sentido pessoal, mas

> sua psicologia. Oremos e busquemos o Senhor para que Ele levante um poderoso ministério de ensino entre nós (GILBERTO, 2020, p.109).

Questão para Reflexão

Reflita como a Escola Dominical da sua Igreja organiza as classes de acordo com os aspectos destacados nesse capítulo. Caso a resposta seja negativa, procure identificar quais fatores contribuem para que as características físicas, mentais, sociais e espirituais dos alunos não sejam levadas em consideração pela Escola Dominical de sua Igreja local.

CAPÍTULO 4

Os Métodos de Ensino

Não podemos transformar nossas aulas de Escola Dominical em verdadeiros monólogos, onde o professor detém "todo o poder". Conversamos um pouco sobre isso no primeiro capítulo de nossa unidade, mas precisamos ampliar nossa leitura acrescentando a importância dos métodos de ensino, que têm a função de tornar nossas aulas mais práticas, dinâmicas e flexíveis. Os professores precisam mudar constantemente sua maneira de comunicar, adequando-o às novas realidades e circunstâncias que cada aula propõe. Como aponta Tuler (2013, p.85):

> Um dos maiores dilemas do ensino nas Escolas Dominicais, independente do nível etário, é a inabilidade do uso e a inadequação dos métodos de ensino. Uma boa parte dos professores escolhe os métodos (quando tem conhecimento deles) sem objetivar os alunos e a transformação de suas vidas. Esta imperícia, na maioria dos casos, torna o trabalho docente improdutivo, inoperante.

Todo professor deve ser criterioso quanto ao uso dos métodos. Ele deve se atentar a cada aula, cada situação específica e determinar qual método se encaixa tanto no que diz respeito ao tema/assunto, como as características de idade de sua classe.

Nesse capítulo, além de apresentar a definição do conceito, destacaremos os principais métodos de ensino que podem enriquecer a tarefa do professor da Escola Dominical.

4.1 O que é um Método?

Na Grécia antiga *methodos* significava "caminho para chegar a um fim". A palavra "método" é originária do grego "*methodos*", composta de *meta*: através de, por meio, e de *hodos*: via, caminho. Servir-se de um método é, antes de tudo, tentar ordenar o trajeto através do qual se possa alcançar os objetivos projetados. Com o passar do tempo essa significação foi ampliada, e passou a ser usada para expressar outras coisas, tais como, "maneira de agir", "tratado elementar", "processo de ensino" etc. Quanto ao seu uso na educação, aponta Tuler (2013, p.86) que,

> a maioria dos teóricos concordam que método é um conjunto de etapas, ordenadamente dispostas, a serem vencidas na investigação da verdade no estudo de uma ciência ou para alcançar um fim desejado. O método indica o que fazer, é o orientador da atividade. Esta é a acepção que nos interessa na área do ensino - é a que nos remete ao método didático. E o que é método didático? e como predispô-lo utiliza-lo de modo eficiente? Ele pode ser aplicado em qualquer disciplina? Pode ser adaptado à realidade do currículo bíblico ensinado na Escola Dominical?

Todo método tem a finalidade de levar o aluno ao domínio seguro e satisfatório do conteúdo ensinado, ampliando a possibilidade de conhecimento e apreensão do mesmo, enriquecendo a experiência e desenvolvendo as capacidades do aluno.

4.2 Qual é o melhor Método?

Sem dúvida, os métodos mais utilizados pelos professores, de um modo geral, são o de preleção e exposição oral, embora sejam muito criticados. Nestes métodos os professores falam a maioria do tempo e, às vezes, respondem algumas poucas perguntas de seus alunos. Algumas desvantagens desses métodos são destacadas por Tuler (2013, p.87):

> Primeira, este método coloca toda a responsabilidade sobre os ombros do professor. Em consequência, o aluno não participa ativamente do processo de ensino. Quase nada lhe é exigido. Segunda, o professor não dispensa sua atenção a um aluno especificamente. Todos são nivelados de acordo com o desempenho do grupo.

Afinal, quais são os melhores ou piores métodos? Quais são os mais eficazes? Essa resposta não é tão fácil de se responder, tendo em vista que determinado método pode ser melhor para certos propósitos e não tão eficientes para outros. Assim, a escolha dos métodos depende dos propósitos, da habilidade do professor, da habilidade do aluno, do tamanho do grupo, do tempo disponível, e dos equipamentos necessários. Ou seja, os métodos devem ser listados e utilizados de acordo com os objetivos da aula. Não há obrigação de utilizar este ou aquele, mas estar atento ao resultado final da aprendizagem. Nesse sentido, Tuler (2013, p.88) aponta que não existe método pior ou melhor, mas

> Que o pior método é aquele que sempre é utilizado. Não importa qual seja: discussão, perguntas e respostes ou preleção. Se é usado invariavelmente todos os domingos, é o pior. Cada método tem seu valor e o seu propósito. Não existe um melhor que o outro.

O professor não precisa pensar que, para cada aula, deve utilizar um único método de ensino, pelo contrário, em uma mesma aula pode se valer de vários métodos, como por exemplo: perguntas e respostas; permitir um período de debate; a preleção quando precisar explicar um assunto difícil ou importante para o desenvolvimento da aula; ou até mesmo contar uma história. O importante mesmo é o cumprimento dos objetivos da aula e o resultado final da aprendizagem.

4.3 Os principais métodos de ensino aplicados à Escola Dominical

Nesse tópico desejamos apresentar apenas os métodos de ensino que julgamos mais apropriados para uma classe de Escola Dominical. Ressaltamos que existem inúmeros métodos que podem ser utilizados em sala de aula, pois nosso objetivo é, além de sublinhar os métodos mais utilizados e apropriados, é não propor uma lista rígida, que não possa ser adaptada e expandida.

4.3.1 Exposição oral ou Preleção

Esse método é também chamado de *Expositivo*. Ele vem dos primórdios da tarefa docente, e é utilizado frequentemente por muitas escolas em todos os níveis. O professor expõe oralmente o conteúdo diante dos alunos. Tal exposição é comumente unilateral, ou seja, o professor fala praticamente o tempo todo da aula.

Ele é o mais criticado, porém, o mais utilizado. Sua eficácia depende da habilidade do professor. As principais críticas que são feitas a esse método são: a tendência à massificação dos alunos; a pequena participação dos alunos e consequente desconsideração das diferenças individuais. No entanto, a aula expositiva bem planejada evita a monotonia, a sonolência e a consequente falta de interesse dos alunos. Quando a exposição é apresentada de forma criativa e convidativa, ela produz elucidação e, consequentemente, sucesso. Antonio Gilberto (1998, p. 202), todavia, alerta que o método:

> Nunca deve ser usado só. Em combinação com outros métodos, como Jesus usou, é de grande valor no ensino. Sozinho, tem mais desvantagens do que vantagens. Nem sempre *falar* quer dizer *ensinar*! É praticamente nulo com os infantis.

4.3.2 Debate ou Discussão

Esse método é aquele que mais se encaixa com a natureza humana. A fala é expressão de um ponto de vista, característica inerente a qualquer pessoa. O método é utilizado através da apresentação de uma situação-problema que é colocada diante do grupo, visando a discussão do grupo na busca de uma solução. Nesse caso, aponta Dornas (2002, p.43):

> Não se trata de um debate, mas de um esforço conjunto para a solução de um problema apresentado. Para que aconteça uma boa discussão, o problema apresentado deve ser do interesse dos alunos, assim eles estarão naturalmente motivados a emprestarem sua colaboração. A atitude do professor na discussão deve ser mais no sentido de estimular

a participação de todos e lembrar que é fundamental o respeito às opiniões alheias.

Vimos que o professor assume uma posição estratégica nesse método. Se ele não possuir habilidade para interagir com a classe e direcionar a discussão, a aula pode chegar ao fim sem conclusão acerca do assunto que foi proposto, ou, com um consenso equivocado acerca do assunto. A aula, portanto, deve ser muito bem organizada, cronometrada, para que ele assuma, no tempo adequado, o controle da aula para conduzir a questão para um fechamento satisfatório.

4.3.3 Perguntas e Respostas

Este método tem sido utilizado por grandes educadores desde os primórdios da educação. É conhecido como método *catequético* ou *socrático*, tendo sido utilizado largamente pelo filósofo Sócrates. Este, aponta Antônio Tadeu Ayres (1994) é um dos mais eficazes métodos de ensino, quando conduzido com habilidade. Ele consiste na elaboração prévia de perguntas que aguçarão a curiosidade dos alunos, mexendo com a imaginação, levando-os a raciocinar e, até mesmo, confrontar as informações de que dispões sobre o assunto.

Ayres (1994, p.66) ainda continua: "A mente, neste caso, não apenas recebe informação, mas a analisa e pondera. Existe todo um processo de reflexão, análise e avaliação que ocorre no cérebro do aluno, enquanto ele recebe a pergunta, medita nas suas implicações e verbaliza a resposta". Podemos sublinhar as principais vantagens do método, como apontado por Ayres (1994, p.b67-68):

> 1. Ajuda a manter acesa a chama da atenção.
> 2. Serve como treinamento para o raciocínio dos alunos, levando-os a desenvolver o pensamento analítico.
> 3. Permite que os alunos tenham participação ativa na aula, de maneira responsável.
> 4. Auxilia e desenvolve a forma de expressão das ideias.
> 5. Permite ao professor monitorar a aprendizagem e avaliar a eficácia de sua aula.
> 6. Pode ser aplicado a todas as idades.

Embora o método apresente muitas vantagens no processo de ensino e aprendizagem, alguns cuidados são necessários. É preciso técnica na formulação de perguntas, como aponta Gilberto (1998):

> · Faça perguntas resumidas e claras.
> · Evite perguntas cujas respostas serão sim ou não.
> Ao lançar uma pergunta, você como professor:
> 1. Dirija-se a classe toda.
> 2. Faça uma pausa de 5 a 6 segundos para que todos pensem na resposta.
> 3. Em seguida, chame um aluno pelo nome para respondê-la. Evite seguir uma ordem exata na chamada dos alunos.
> 4. Dê importância a resposta certa.

O método de perguntas e respostas leva o aluno a participar de forma ativa da aula. Ressaltamos que sua utilização é útil para todos os grupos de idade.

4.3.4 A Narração

Narrar é contar um fato, é expô-lo, da maneira como aconteceu, com mais ou menos detalhes, dependendo das circunstâncias. Na narração, visa-se responder as seguintes questões: Quem? Quando? Como? Onde? Por que? As narrativas são as histórias bíblicas. O gênero literário "narrativa" é o mais utilizado pelas Escrituras Sagradas para transmitir as verdades divinas. Esse método visa instigar os alunos a vivenciar as histórias e a realidade dos textos de forma mais intensa e viva. Sua importância é afirmada por Gilberto (1998, p.204):

> A história é qual janela deixando a luz entrar. Na Bíblia, a maior fonte de história e o Antigo Testamento. Pode ser aplicado a todas as idades. A história, depois de narrada, precisa ser aplicada. A história é para a criança o que o sermão é para o adulto.

Jesus foi um grande mestre e se valeu do método da narração para ensinar as multidões de forma eficaz, como por exemplo:

- O Bom Samaritano (Lc 10).
- A Ovelha Perdida (Lc 15).

- As Dez Virgens (Mt 25).
- O Filho Pródigo (Lc 15).

Conforme já afirmamos anteriormente, além dos métodos de ensino que foram destacados aqui, existe uma porção de métodos que podem ser utilizados pelos professores da Escola Dominical. Redobramos o alerta para os professores quanto à utilização dos métodos de ensino. Eles não são um fim em si, devem ser utilizados com o propósito de atingir os objetivos da lição e facilitar o processo de ensino e aprendizagem.

Questão para Reflexão

Pense sobre os métodos mais utilizados na Escola Dominical de sua Igreja local, e se eles são utilizados em função da lição ou a lição está a seu serviço.

Processos avaliativos: Aprimorando a Escola Dominical

O processo avaliativo da Escola Dominical é fator imprescindível para que ela continue cumprindo seu papel de principal agência ensinadora da Igreja. Muitas Escolas Dominicais não realizam tais processos, causando uma espécie de paralisação ou "congelamento" do aprimoramento da mesma. Nada na vida é estático, tudo muda conforme o tempo, princípios permanecem, mas pessoas, técnicas e métodos estão em constante mudança. Desafios enfrentados há uma década foram superados, basta, agora, seguir em frente e vencer os desafios atuais.

5.1 Desafios da Escola Dominical no século XXI

Muitos desafios são enfrentados pela Escola Dominical hoje. Já falamos, anteriormente, do desafio da Globalização. Outro desafio que a Escola Dominical enfrenta é a falta de reciclagem. Recentemente muitos educadores cristãos afirmaram a necessidade da ED se renovar, de preocupar-se com sua divulgação e *marketing*. Sei que o termo *marketing* pode estar muito ligado aos assuntos empresariais, mas não podemos abandonar tamanha ferramenta que possibilita à Escola Dominical atingir seu objetivo, a saber, ensinar e evangelizar. Claudionor de Andrade (1999) aponta que:

> Se a Escola Dominical não se renovar agora, poderá tornar-

> se obsoleta em pouco tempo. Lembre-se: se levarmos em conta o período do Antigo Testamento, a começar por Moisés, constataremos ser a Escola Dominical um produto com mais de quatro mil anos. Por isso, ela deve renovar-se periodicamente; aproveitar todas as ondas de renovação. Dessa forma, poderá divulgar com maior eficiência a Palavra de Deus. Levemos em conta também a gravidade do tempo. Aproveitemos todas as ondas de renovação, para a divulgação universal das Sagradas Escrituras e a missão que nos confiou o Senhor.

Não há espaço para a monotonia, pois a sobrevivência e eficácia da Escola Dominical dependem da busca constante por aperfeiçoamento e transformação. Haverá intransigência por parte de alguns, mas isso é normal, sempre haverá críticas no começo, contudo, se houver empenho e tudo que for feito estiver diante do Senhor Jesus Cristo, caminhará bem. Lembre-se que a Escola Dominical surgiu em clima de desconfiança por parte dos ingleses. A iniciativa de Robert Raikes não agradou a todos, e sofreu duras críticas. Ele foi considerado "herege" e "profanador" do domingo. Mas, nenhum desses comentários ou críticas foram suficientes para impedir o propósito que Deus havia colocado em seu coração. De fato, ele mostrou para toda Inglaterra, e para o mundo, que seu projeto poderia fazer a diferença na vida de muitas pessoas, e mudaria para sempre o papel do ensino na Igreja.

Mas, como identifico em que aspectos a Escola Dominical de minha Igreja precisa melhorar? Precisa ser aprimorada? São os processos avaliativos que demonstram essas lacunas que precisam ser preenchidas.

5.2 A importância da Avaliação

O que precisa ser avaliado constantemente na Escola Dominical? A resposta é, tudo! Os professores, os alunos, a administração, a organização, ou seja, tudo aquilo que constitui a Escola Dominical deve passar por avaliações periódicas. *Os professores* precisam constantemente realizar uma autoavaliação. Há uma constante reclamação por parte dos professores acerca do desinteresse de seus alunos com as aulas da Escola Dominical. Contudo, os professores precisam avaliar se essa falta de interesse não é resultado de sua postura diante dos alunos e da aula que lhe foram confiados. Alguns passos são importantíssimos para que a experiência em sala de aula seja positiva para a vida dos alunos. Vejamos:

- Leve a sério o estudo da Bíblia
- Seja pontual e assíduo
- Dê aulas criativas e dinâmicas
- Planeje suas aulas
- Não descuide da aplicação
- Viva o que você ensina
- Seja um crente integrado à Igreja: Presença nos cultos e atividades da Igreja; distante das doutrinas que não condizem com a fé cristã e com a doutrina de sua denominação e eticamente correto em todos os aspectos de sua vida

Os alunos precisam ser constantemente avaliados quanto ao seu desempenho escolar. A avaliação nesse sentido visa comparar o que foi realizado com o que se pretendia alcançar. Avaliar a aprendizagem é extremamente importante para estabelecimento do progresso gradual e individual de cada aluno em relação às metas de ensino estabelecidas. Não há espaço para a famosa máxima: eu finjo que "ensino", e você finge que "aprende".

A avaliação é um recurso educacional essencial para os dirigentes da Escola Dominical, pois conseguem medir o estado real de suas escolas, de seus professores e de suas classes e alunos. Antonio Gilberto (1998, p.210) ensina que,

> Uma avaliação periódica permite aos que ensinam e dirigem, aferir o estado real da escola; o que foi feito e o que deixou de ser feito, ou necessita ser introduzido ou suprimido. Sim, a avaliação revela as novas tomadas de providencias que devem ser levadas a *efeito.*

Gilberto (1998) aponta ainda que, para avaliar é preciso a escola ter objetivos traçados e bem definidos. Uma avaliação bem feita fornece dados que apontam sempre possibilidades de melhoramento. Vejamos os critérios e recursos de avaliação que são fundamentais para o melhoramento da Escola Dominical:

- *Instrumentos de avaliação.* Fichas, cartões, e testes para alunos, professores, e a escola em si. Também concursos, trabalhos, competições.

· *Épocas de avaliação.* Trimestral, semestral, anual. A avaliação dominical costumeira, chamada de relatório, tem valor mais estatístico.

· *Âmbito da avaliação.* Alunos, classes, escolas.

· *Finalidade da avaliação.* Além das finalidades acima, a avaliação e utilíssima em se tratando de prêmios, menção, estímulo e reconhecimento.

Avalia-se, pois, para saber-se com precisão:

1. O estado da escola
2. O que foi feito
3. O que deixou de ser feito
4. O que deve ser feito
5. O que deve ser suprimido ou substituído
6. Para a concessão de prêmios

O objetivo principal dos processos avaliativos é o aprimoramento constante da Escola Dominical. Não podemos nos contentar com as vitórias. Quando uma experiência e planejamento der certo, glorifique a Deus e continue, pois, o que funciona bem hoje pode não funcionar bem amanhã. Que Deus nos ajude nessa jornada de crescimento, amadurecimento e aprimoramento da maior e principal agência ensinadora da Igreja.

Questão para Reflexão

Pense sobre quais aspectos da Escola Dominical de sua Igreja local precisam de aprimoramento.

Considerações finais

No decorrer desse Livro pudemos perceber a essência da principal agência ensinadora da Igreja. Passamos pelos períodos bíblicos, traçando os antecedentes históricos, bíblicos e teológicos que se constituem com a base para a moderna Escola Dominical. Falamos, também, da relação entre educação e Igreja, destacando a tarefa evangelizadora e ensinadora da Igreja, bem os principais objetivos da educação cristã e os principais objetivos da Escola Dominical. Nos debruçamos sobre a necessidade da organização administrativa, física, curricular e pedagógica da Escola Dominical. E, por fim, tratamos da prática pedagógica da Escola Dominical e todos aqueles envolvidos nela, os professores, alunos e a importância do ensino e dos métodos para a concretização dos objetivos do ensino e aprendizagem.

Vimos que seu papel é importantíssimo para o estabelecimento do Reino de Deus e para o aperfeiçoamento dos santos, fato que exige de nós, alunos e professores da Escola Dominical, reverência e respeito pela agência que Deus escolheu para nos aperfeiçoar e nos preparar para a obra de Deus.

Que possamos desfrutar da riqueza educacional e espiritual disponível no espaço da Escola Dominical. Que, como servos e servas de Deus, vivamos a plenitude da vida guiados pelo poder de Deus e por sua Palavra, que é bela e nos oferece um caminho de vida abundante e completo, através da Escola Dominical.

EXERCÍCIOS

UNIDADE I – HISTÓRIA DA ESCOLA DOMINICAL

A instrução dada pelos pais aos filhos, no Antigo Testamento, passava por duas dimensões, a saber:

a) (   ) Religiosa e profissional
b) (   ) Religiosa e secular
c) (   ) Profissional e secular
d) (   )Religiosa e especializada

A educação formal estava destinada aos meninos, pois, as meninas continuavam sob a tutela da mãe, que tinham como tarefa ensiná-las:

a) (   ) A tecer tapetes
b) (   ) Os costumes religiosos
c) (   ) O oficio doméstico
d) (   ) A Torá

Além das casas e dos pais, havia outros espaços e agentes para instruírem os jovens israelitas. Quem eram esses agentes da educação em Israel?

a) (   ) Reis, profetas, sábios e sacerdotes
b) (   ) Profetas, reis, escribas e sábios

c) ( ) Escribas, profetas, reis e levitas
d) ( ) Sacerdotes, profetas, escribas e sábios

Qual era o objetivo da educação no período que antecede o estudo formal em Israel?

a) ( ) Formação moral e profissional
b) ( ) Formação moral e religiosa
c) ( ) Formação religiosa e profissional
d) ( ) Formação profissional e formal

Além da dificuldade de ensinar os fiéis, qual dificuldade os pais da Igreja tiveram de enfrentar?

a) ( ) Falsas doutrinas
b) ( ) Ausência dos fiéis
c) ( ) Perseguições imperiais
d) ( ) Disputas internas

Qual era o principal tema do ensino de Jesus?

a) ( ) A família e seus princípios
b) ( ) A prática das tradições dos pais
c) ( ) O Reino de Deus
d) ( ) A Parusia

Havia, no tempo de Jesus, um recurso didático que utilizava confrontações dramáticas que exigiam uma resposta imediata do ouvinte. Esse recurso era conhecido como:

a) ( ) Símile
b) ( ) Figura de Linguagem
c) ( ) Narrativa
d) ( ) Parábola

Quais eram as duas tarefas essenciais que fundamentavam a ação missionária da Igreja Primitiva?

a) ( ) Pregação e batismo

a) (   ) Pregação e ensino
b) (   ) Batismo e ensino
c) (   ) Pregação e oração

Qual a singularidade da Educação hebraica em relação às demais civilizações orientais?

a) (   ) Foco místico da religião
b) (   ) Foco nas especulações filosóficas
c) (   ) Foco nas evidências históricas ou atos presenciais de Deus na história
c) (   ) Foco nos contos mitológicos

O que contribuiu para o alastramento do sincretismo, da ignorância e das práticas erradas no sistema educacional da Igreja na Idade Média?

a) (   ) A falta de preparo dos docentes
b) (   ) A falta de interesse dos fiéis
c) (   ) A falta de recursos para o ensino
c (   ) O grande número de candidatos ao batismo

Uma contribuição importante de Lutero para o ensino cristão foi a preparação de seus dois catecismos, um em 1528, outro em 1529. Para qual público específico Lutero escreveu um Catecismo em 1528?

a) (   ) Adultos
b) (   ) Idosos
c) (   ) Catecúmenos
d) (   ) Crianças

A Educação cristã na era moderna tem como movimento marcante o surgimento da Escola Dominical. Em 1780, na cidade de Gloucester, Inglaterra, um jornalista e homem de negócios chamado Robert Raikes, iniciou o movimento dentro da Igreja Cristã. Quais fatores sociais e estruturais contribuíram para que o Jornalista iniciasse esse movimento?

a) (   ) A mortalidade infantil
b) (   ) A proliferação de doenças incuráveis
c) (   ) A delinquência infantil
d) (   ) A decadência espiritual

UNIDADE II – EDUCAÇÃO E IGREJA: A RELAÇÃO ENTRE EDUCAÇÃO CRISTÃ E A ESCOLA DOMINICAL

A palavra "Educação" procede do vocábulo latino *educatione*, que significa etimologicamente:

a) ( ) Subtrair
b) ( ) Extrair
c) ( ) Corrigir
d) ( ) Formar

A educação cristã abrange a pessoa em sua totalidade: cognitiva, afetiva, espiritual e:

a) ( ) Familiar
b) ( ) Acadêmica
c) ( ) Comportamental
d) ( ) Relacional

Percebe-se que a educação cristã possui seus próprios princípios, demandas e ordenações, através do qual normatizam e orienta a ação da Igreja em sua missão magisterial. O primeiro e principal fundamento da educação cristã é:

a) ( ) A Salvação
b) ( ) A Igreja
c) ( ) O currículo escolar
d) ( ) A Bíblia Sagrada

O mundo cristão fundamenta suas teses e metas na dimensão da missão a partir da referência bíblica de Mateus 28, 18-20. Este texto recebeu, por parte dos tradutores da Bíblia, o título de *Grande Comissão*. A essência da *Grande* Comissão é: Fazer discípulos, batizar e:

a) ( ) Corrigir
b) ( ) Ensinar
c) ( ) Salvar
d) ( ) Perdoar

Diante de tantas inovações que marcam a nossa era, a Igreja precisa saber lidar com pelo menos três desafios que a globalização apresenta para o ensino cristão, a saber: "o acelerado avanço tecnológico; conspiração silenciosa da violência e:

a) ( ) O sistema econômico
b) ( ) A ortodoxia cristã
c) ( ) O liberalismo teológico
d) ( ) A censura religiosa

A Igreja tem como tarefas principais a evangelização e o ensino. O ensino bíblico acontece em diversos departamentos da Igreja, contudo, a principal agência de ensino é:

a) ( ) A Escola Dominical
b) ( ) A Escola Teológica
c) ( ) A Escola de obreiros
d) ( ) A Celebração religiosa

Antonio Gilberto (2020) sinaliza pelo menos três objetivos fundamentais da Escola Dominical, a saber: Ganhar almas para Jesus; Desenvolver a espiritualidade dos alunos e:

a) ( ) Transmitir conhecimento
b) ( ) Ocupar o tempo ocioso dos crentes
c) ( ) Promover entretenimento às crianças da Igreja
d) ( ) Treinar o cristão para o serviço do Mestre

Nos últimos anos a Escola Dominical tem enfrentado um grande desafio, o pequeno número de alunos matriculados nela. Segundo Lécio Dornas, isso acontece devido ao abandono:

a) ( ) Do aspecto organizacional da Escola Dominical
b) ( ) Do aspecto espiritual da Escola Dominical
c) ( ) Do aspecto doutrinário da Escola Dominical
d) ( ) Do aspecto evangelizador da Escola Dominical

O principal objetivo de todos aqueles que se envolvem com o ensino e se esmeram para servir com qualidade ao prazeroso ministério do ensino bíblico, é que suas escolas dominicais cresçam em todos os sentidos,

âmbitos e aspectos possíveis. Esse crescimento, todavia, só acontecerá mediante um cuidadoso:

a) ( ) Planejamento
b) ( ) Investimento
c) ( ) Despertamento
d) ( ) Amadurecimento

A Escola Dominical não funcionará de forma adequada sem organização e tampouco sem o investimento necessário para sua subsistência e expansão. Quando falamos de investimento não nos referimos apenas em recursos financeiros, mas em recursos humanos e:

a) ( ) Sociais
b) ( ) Técnicos
c) ( ) Metodológicos
d) ( ) Especializados

Os líderes e dirigentes da Escola Dominical precisam saber onde plantar a semente da Palavra de Deus. Encontramos pelo menos quatro espaços em que a ED pode explorar e aumentar seu quadro de alunos, a saber, o rol de novos convertidos; visitantes na Escola Dominical e nos cultos da Igreja; A comunidade ao redor da Igreja e:

a) ( ) Nos recém batizados
b) ( ) Nos obreiros
c) ( ) Nos departamentos com muitos alunos
d) ( ) No rol de membros da Igreja

UNIDADE III – ESTRUTURA ORGANIZACIONAL DA ESCOLA DOMINICAL

Quanto à organização física da Escola Dominical, a Escola deve funcionar de preferência em instalações apropriadas e possuir:

a) ( ) Acesso ao ar livre
b) ( ) Salas comunitárias
c) ( ) Salas independentes
d) ( ) Acesso ao Templo

Além de uma boa estrutura para as classes, a Escola Dominical deve disponibilizar espaços para:

a) ( ) Refeições e salão de festa
b) ( ) Auditório amplo e espaços de entretenimento para crianças
c) ( ) Biblioteca e Salas administrativas (Tesouraria e Secretaria)
d) ( ) Área de descanso e oração

No Novo Testamento, qual é a palavra grega usada como sinônimo de superintendente?

a) ( ) *Poimne*
b) ( ) *Diaconos*
c) ( ) *Presbíteros*
d) ( ) *Episcopos*

A palavra currículo significa literalmente, curso, correr, carreira, corte, atalho. A origem da palavra currículo é:

a) ( ) Hebraica
b) ( ) Latina
c) ( ) Grega
d) ( ) Aramaica

O currículo da Escola Dominical tem a mesma finalidade do currículo escolar secular, ou seja, definir os conteúdos considerados essenciais e que todos os alunos devem ter acesso e supostamente aprender. Todavia, o que torna o currículo da Escola Dominical diferente são:

a) ( ) Os aspectos didáticos e objetivos
b) ( ) Os aspectos metodológicos e materiais
c) ( ) Os Conteúdos e aspectos didáticos
d) ( ) Os conteúdos e objetivos

A educação cristã está firmada em uma concepção bíblica da realidade, da verdade, e da moralidade, como base para seu conteúdo curricular e prática educativa. Contudo, preferimos afirmar que a educação cristã não se baseia propriamente em uma filosofia, mas em uma:

a) ( ) Teologia

b) (   ) Teoria
c) (   ) Pedagogia
d) (   ) Metodologia

A duração do currículo da Escola Dominical dependerá de seu planejamento. Tendo em vista que um bom currículo de Escola Dominical tem como objetivo atingir uma soma de objetivos educacionais, e oferecer um conhecimento amplo das várias áreas do conhecimento bíblico-teológico, a duração do currículo deve ser:

a) (   ) Entre 1 e 2 anos
b) (   ) Entre 2 e 3 anos
c) (   ) Entre 3 e 4 anos
d) (   ) Entre 6 meses e 1 ano

A equipe pedagógica da Escola Dominical é formada pelos professores juntamente com:

a) (   ) O Secretário
b) (   ) O Pastor
c) (   ) O Representante discente
d) (   ) O Superintendente

Visando um melhor aproveitamento do processo de ensino/aprendizagem e condução dos trabalhos pedagógicos, uma Escola Dominical pedagogicamente organizada agrupa seus alunos por:

a) (   ) Conhecimento
d) (   ) Gênero
c) (   ) Idade
d) (   ) Cargos

Gilberto (2020) sublinha, também, que cada departamento deve conter sua própria comissão e atuar para o bom desenvolvimento expansão de sua classe. Ele sugere, ainda, que a Escola Dominical deve conter, pelo menos, mais três departamentos que não necessariamente são organizados por faixa etária, a saber: de obreiros, do Lar e extensão e:

a) (   ) Casais
b) (   ) Mestres

c) (   ) Pastores
d) (   ) Novos Convertidos

Qual organização da Escola Dominical é considerada sua espinha dorsal?

a (   ) Organização física
b) (   ) Organização Curricular
c) (   ) Organização administrativa
d) (   ) Organização pedagógica

Quem é considerado o primeiro obreiro da Escola Dominical pela natureza de seu cargo?

a) (   ) O Superintendente
b) (   ) O Pastor
c) (   ) O Secretário
d) (   ) O Professor

Qual é o elemento mais importante da Escola Dominical?

a) (   ) O Aluno
b) (   ) O Professor
c) (   ) O currículo escolar
d) (   ) O Planejamento escolar

UNIDADE IV – A PRÁTICA PEDAGÓGICA DA ESCOLA DOMINICAL

O professor da Escola Dominical deve iniciar sua tarefa docente definindo:

a) (   ) O espaço físico
b) (   ) Os recursos didáticos
c) (   ) Os objetivos desejados
d) (   ) Os métodos de ensino

A proposta do ensino participativo é envolver os alunos no período de aula, fazer com que eles reconheçam seu papel no processo de construção do conhecimento individual e coletivo. Assim, O Ensino participativo é

centrado:

a) ( ) No professor
b) ( ) No conteúdo
c) ( ) No método
d) ( ) No aluno

Alguns podem dizer que ensinar não é somente uma ciência, mas, também, uma arte. Professores são mais artistas do que cientistas. Quando falamos de professores da Escola Dominical não estamos falando apenas de cientistas, ou artistas, mas de:

a) ( ) Trabalhadores
b) ( ) Vocacionados
c) ( ) Servos
d) ( ) Empregados

Na lista de dons ministeriais contidas no Novo Testamento, os professores são classificados como:

a) ( ) Apóstolos
b) ( ) Mestres
c) ( ) Profetas
d) ( ) Evangelistas

O professor da Escola Dominical além de ser vocacionado e possuir aptidões naturais ele deve investir nas qualificações necessárias para exercer com excelência o ministério do ensino, a saber:

a) ( ) Qualificações mentais
b) ( ) Qualificações sentimentais
c) ( ) Qualificações pessoais
d) ( ) Qualificações espirituais

Quanto as suas qualificações intelectuais, o professor da Escola Dominical deve ser:

a) ( ) Um assíduo estudante de Teologia
b) ( ) Um assíduo leitor de livros e manuais teológicos
c) ( ) Um assíduo leitor da Palavra de Deus

d) (   ) Um assíduo leitor de obras diversas

O professor da Escola Dominical não deve apenas conhecer as Escrituras Sagradas, mas, também, conhecer:

a) (   ) As doutrinas da fé cristã
b) (   ) Os métodos de ensino
c) (   ) Os recursos didáticos
d) (   ) As técnicas de comunicação

O preparo da lição é uma das tarefas semanais do professor. Para que a aula alcance o objetivo traçado pelo professor e pelo currículo escolar, é imprescindível:

a) (   ) O preparo dos recursos materiais
b) (   ) O planejamento da aula
c) (   ) O preparo do espaço físico
d) (   ) O diálogo com os alunos

Lécio Dornas sugere uma distribuição do tempo para apresentação da uma lição na Escola Dominical. Qual é a porcentagem sugerida por ele para a *aplicação* do conteúdo ensinado?

a) (   ) 15%
b) (   ) 10%
c) (   ) 40%
d) (   ) 5%

Os especialistas da área de psicologia educacional estudam as leis que governam o crescimento, desenvolvimento e comportamento do indivíduo durante toda sua vida. Eles estudam os alunos em quatro aspectos: *físico, mental cognitivo, social e:*

a) (   ) Sentimental
b) (   ) Espiritual
c) (   ) Material
d) (   ) Relacional

Na Escola Dominical os alunos que fazem parte da classe dos Intermediários são aqueles da faixa etária de doze a quatorze anos. Eles

também são chamados de:

a) ( ) Juvenis
b) ( ) Sedentários
c) ( ) Adolescentes
d) ( ) Pré-adolescentes

Os métodos de ensino têm a função de tornar nossas aulas mais práticas, dinâmicas e flexíveis. A palavra *Methodos* significava "caminho para chegar a um fim". De qual idioma antigo deriva a palavra "método"?

a)( ) Grego
b) ( ) Hebraico
c) ( ) Aramaico
d) ( ) Latim

Quais são os métodos de ensino mais utilizados pelos professores de um modo geral?

a) ( ) Debate e Discussão
b) ( ) Preleção e exposição oral
c) ( ) Perguntas e Respostas
d) ( ) Narração e Estudo de Caso

Qual é o nome do método de ensino que é utilizado através da apresentação de uma situação-problema que é colocada diante do grupo, visando a discussão do grupo na busca de uma solução?

a) ( ) Debate
b) ( ) Preleção
c) ( ) Narração
d) ( ) Estudo de Caso

Bibliografia

ANDRADE, Claudionor de. **Teologia da Educação Cristã: A missão educativa da Igreja e suas implicações bíblicas e doutrinárias.** Rio de Janeiro: CPAD, 2002.

ANDRADE, Claudionor de. **Manual do Superintendente da Escola Dominical.** Rio de Janeiro: CPAD, 2000.

AYRES, Antônio Tadeu. **Como Tornar o Ensino Eficaz**. CPAD: Rio de Janeiro, 1994

BAYLEY, J. W. **The Teacher in the Early Chruch. In: The Biblical World**, Vol. 38, No 1, 1911, p.50-59.

BAILEY, Kenneth E. **As Parábolas de Lucas: a poesia e o camponês.** São Paulo: Vida Nova, 1995.

CARVALHO, César Moisés. **Marketing para a Escola Dominical: como atrair, conquistar e manter alunos na Escola Dominical**. Rio de Janeiro: CPAD, 2005.

COENEN, Lothar; BROWN, Colin (Orgs.). **Dicionário internacional de teologia do Novo Testamento.** Vol. 1. São Paulo: Vida Nova, 2000.

DORNAS, Lécio. **Vencendo os Inimigos da Escola Dominical**. 2. ed. São Paulo: Hagnos, 2002.

______________. Socorro! Sou professor da Escola Dominical. 7. ed. São Paulo: Hagnos, 2002.

TOWNS, Elmer L. **O que todo professor de Escola Dominical deve saber**. Rio de Janeiro: CPAD, 2021

GANGEL, Kenneth O.; HENDRICKS, Howard G. **Manual de Ensino para o Educador Cristão: compreendendo a natureza, as bases e o alcance do verdadeiro ensino cristão.** Rio de Janeiro: CPAD, 1999.

GEORGE, Sherron K. **Igreja Ensinadora: Fundamentos Bíblico-**

Teológicos e Pedagógicos da Educação Cristã. Campinas: Ed. Luz para o Caminho, 1993.

GEORGE, Sherron K. Educação Cristã: Um novo olhar sobre a totalidade da vida. In: **Vox Faifae: Revista de Teologia da Faculdade FAIFA, Vol. 6, No. 1, 2014.**

GILBERTO, Antonio. **Manual da Escola Dominical**. 17. ed. Melhorada e Aumentada. Rio de Janeiro: CPAD, 1998.

______________. **A Escola Dominical: A história da mais importante Instituição de Estudo Bíblico e sua importância para o povo de Deus**. Rio de Janeiro: CPAD, 2020.

GRIGGS, Donald. **Manual do Professor Eficaz**. 4. ed. São Paulo: Cultura Cristã, 2001.

LADD, George Eldon. **Teologia do Novo Testamento.** São Paulo: Hagnos, 2003.

LeFEVER, Marlene D. **Métodos Criativos de Ensino: Seja um professor cristão eficaz. Rio de Janeiro: CPAD, 2019.**

LOPES, Edson Pereira. **Fundamentos da teologia da educação cristã.** São Paulo: Mundo Cristão, 2010.

MARROU, H. I. **História da educação na Antiguidade**. São Paulo: Herder, 1971.

MARSHALL, Howard I. **Teologia do Novo Testamento: diversos testemunhos, um só evangelho**. São Paulo: Vida Nova, 2007.

NUNES, R. A. C. **História da educação na Idade Média**. São Paulo: EPU/Edusp, 1979.

NUNES, R. A. C. **História da educação na antiguidade cristã: o pensamento educacional dos mestres e escritores cristãos no fim do mundo antigo**. São Paulo: EPU/Edusp, 1978.

PEARLMAN, Myer. **Ensinando com Êxito na Escola Dominical**. 8. impressão. São Paulo: Vida, 2006.

PILETTI, Claudino; PILETTI, Nelson. **História da Educação: De Confúcio a Paulo Freire.** São Paulo: Contexto, 2012.

ROPS, Daniel. **A vida diária nos tempos de Jesus.** São Paulo: Vida Nova, 1983.

VAUX, Roland de. **Instituições de Israel no Antigo Testamento.** São Paulo: Vida Nova, 2004.

TULER, Marcos. **Recursos didáticos para a Escola Dominical. Rio de Janeiro**: CPAD, 2003.

______________. **Manual do Professor de Escola Dominical: didática aplicada à realidade do ensino cristão**. 8. ed. Rio de Janeiro: CPAD, 2013.

______________. **Abordagens e Práticas da Pedagogia Cristã**. Rio de

Janeiro: CPAD, 2013.

_____________. **Didática Essencial: Ferramentas indispensáveis à docência cristã**. Rio de Janeiro: CPAD, 2018.

_____________. **Ensino Participativo na Escola Dominical: uma nova perspectiva para a docência cristã.** 1. ed. Rio de Janeiro: CPAD, 2020.

ZABATIERO, Júlio. **Novos caminhos para a educação cristã**. São Paulo: Hagnos, 2009.

www.ingramcontent.com/pod-product-compliance
Lightning Source LLC
La Vergne TN
LVHW010100170826
845678LV00012B/2190

* 9 7 8 6 5 8 9 8 5 9 0 4 8 *